昭和30年代～50年代の地方私鉄を歩く 第10巻

北関東のローカル線

東武鉄道の蒸気機関車と廃線

東武本線・東上線の蒸気機関車、矢板線・熊谷線、伊香保軌道線・日光軌道線
【附】東野鉄道、西武鉄道の蒸気機関車とガソリンカー・ポール電車、
江戸川河川改修工事線など

髙井薫平 著

【東武矢板線の56号】矢板線には蒸気機関車2両が配置され、混合列車を牽いていた。写真はイギリス・ピーコック製、明治30年生まれの56号機関車。◎矢板　昭和37（1962）年2月　撮影：荻原二郎

Contents

【東武日光駅前で乗客を待つ100形】日光軌道線の電車は東照宮方面からやってきて、東武の駅をかわして直進し、国鉄の日光駅に至り、ここで乗客の乗降を行った後、東武日光駅前に向かった。いわゆるループ線になっており、車両は向きを変えることなく、かつて単車時代MT編成の運行には便利だった。
◎東武駅前　昭和43（1968）年 1 月　撮影：山本忠夫

まえがき

　この『昭和30年代～50年代の地方私鉄を歩く』は、地方私鉄を取り上げるということでスタートしました。ただ、実際に書き始めてみますとかつて大手私鉄が持っていて都会の本線系路線と切り離されたような支線があり、しかもそれらはすでに姿を消しているものも多くあり、これらを単に「大手の一部だから」として取り上げないのは不憫な気がして取り上げることにいたしました。東武鉄道では熊谷線、矢板線、日光軌道線、伊香保軌道線が該当します。また、この時代の東武鉄道にはたくさんの古典ロコが牽引する貨物列車が伊勢崎線や東上線を走り、都心まで乗り入れていましたので、この蒸気機関車たちにも登場してもらいました。若い方々には信じられないかもしれませんが、今スカイツリーのそびえる「ソラマチ」一帯には、かつて旧浅草駅の何本かのホームと業平橋の広いヤードがあって、アメリカ製のテンダ機関車が入換え仕事にいそしんでいました。本線の貨物列車はイギリス製の4－4－0の独壇場で、それらは葛生地区の石灰石輸送が主な仕事でした。葛生は本当にセメントの町で、東武鉄道以外にも日鐵羽鶴の専用線や、ナローゲージの鉱石輸送鉄道などもあり、こちらにも立ち寄りました。

　一方、東上線にも4－4－0が活躍していました。川越に機関区があり、一般の貨物輸送のほか、沿線には軍の施設があり、戦後は米軍に接収されたのちも健在で、東上線の蒸機は上板橋まで顔を見せていました。電気機関車もいたようですが、出会ったことはなく、一度国鉄から借り入れていた大宮機関区の9600にも出会ったこともありました。

　西武鉄道の今の多摩川線という通勤路線は以前、是政線といい、電化こそされていましたが、この路線の目的の一つは多摩川から採掘された砂利を運び出すことでした。ここには3両ほどのタンク機関車がいて多摩川から運び出す砂利輸送のほか、新宿線の所沢の隣駅北所沢にも小さな機関庫があって2両のタンクロコが米軍基地の貨車引き入れに使われていました。西武鉄道ではほかにも現在通勤路線になっている多摩湖線にはポール電車が走り、拝島線と名を変えた小川線はまだ電化されていなかったのでガソリンカーが走っていました。

　西武鉄道には砂利採掘路線として入間川の安比奈線があり、この線は電化されていましたが、その終点には元鉄道連隊のEタンクが使われていました。西武鉄道が経営したナローの鉄道は村山貯水池横を走る山口線です。おとぎ電車といわれバッテリー機関車がオープン客車を牽引していましたが、一時期、蒸気機関車が走って人気がありました。

　東武鉄道が経営した二つの軌道線の存在も忘れることができません。一つは渋川を中心に前橋、高崎それに伊香保温泉を結んで走っていたポール電車です。かつて「鉄道ピクトリアル」52号から連載された東武鉄道勤務の小林茂さんによる「餓多電盛衰記（上州に咲いた五電車物語）」という名著があり、読むと想像力をかき立てられますが、乗合バスが発達する前のことで、肝心の東武鉄道も関心を持たなかったようです。僕がこれらの鉄道を知った時には最後に残った渋川から伊香保までになっていました。

　一方、日光軌道線の方はもともと観光色の強いものではなく、古河鉱業の専用線の色彩の強いものでしたが、日光東照宮、華厳の滝、中禅寺湖といった観光を目的に軸足を移し、新造車の投入も積極的であり、ボギー車や連接車も投入されましたが、昭和40（1965）年、第2いろは坂の開通とともに観光客の多くがバスに流れてしまい、電車と接続したケーブルカー、ロープウエイと続く一貫した名ルートは廃止されてしまいました。それより以前、一度だけ、東武日光の駅前にトレーラーバスが乗客を乗せているのを見た記憶がありますが、そのころ電車も走っていたと思います。

　東野鉄道は僕が最初に「生きている古典機関車」を見た地方鉄道です。東北本線の西那須野駅で急行「青葉」を降り、乗り換えた列車は小さなBタンク機の牽く混合列車でした。乗った2軸の木造客車の妻面には窓が付いているのを初めて見ました。オープンデッキからドアを開けて車内に入ると小さなクロスシートが並んでいました。終点の黒羽駅は、どこか中間駅のような風情でしたが、かつて線路は南進して那須小川まで伸びていたことを知ったのはずいぶん後のことです。

黒羽駅には鉄道の機能が揃っていて、東京からやって来た我々3人の大学生を歓待してくれました。蒸気機関車は4両あり、営業に出ている1号を除いて庫にしまわれていましたが、1号の仕業が終わると、控車に無蓋車を挟んで2号機とC251を庫外に引き出してくれました。C251は青森の南部鉄道から移ってきたピッツバーグ製のCタンクです。この機関車の前に機関区長さんはじめほとんど全員の皆さんに集まっていただき記念写真を撮ることになりました。思い出の多い東野鉄道は東武鉄道の矢板線にも地域が近いのでこのシリーズで取り上げることになりました。

　また、せっかくの機会なので目先を変えて江戸川の河川改修工事現場のシーンを取り上げてみました。現在、関宿という利根川と江戸川の分岐するあたりに立派な資料館ができていますが、この河川改修に働く蒸気機関車を捉えました。じつを言うと、僕自身は当時の関宿に行っていません。これらのページの大部分は大学の竹中泰彦先輩の独壇場です。河川改修は利根川だけでなく日本のあちこちで行われていましたが、僕たちのあまり目に触れない地域で行われ、一度だけ釧路に向かう車窓で石狩川の広い河原で煙を上げているイギリス風のタンク機関車をチラと見ただけです。亡くなった瀬古瀧雄さんが建設省東北地方建設局の機関車をほぼ100%近く調べ上げておられました。

　関西では淀川が有名です。僕も木曽川の土手の上に機関車が置いてあると叔父に教えられて見に行ったこともありますが、木曽川の工事もすべて終わった後で、たった1両取り残されたたぶんドイツ製の機関車はキャブの入り口には板が打ち付けられていました。そのようなわけで、煙をモクモク吐きながら河原でトロを牽く現場に足を踏み入れることはありませんでした。

髙井薫平

【D1形（8号）を仰ぎ見る】
東武鉄道生え抜きの機関車8号機が貨物列車を牽いてきて小休止中。今この位置でシャッターを切ったら、煙突のあたりにはスカイツリー写っているかもしれない。
◎業平橋　昭和36（1961）年7月　撮影：髙井薫平

大正時代の時刻表

日光停車場前・馬返間 （非連帯線）

大正十三年三月十五日改正　　（日光電気軌道線）　　　　並等車ノミ

驛　名
停車場前、御幸町、警察署前、神橋、安川町、田母澤、花石町、荒澤、白巖下、精銅所前、横手、馬返　（全區間 6.1 哩　運賃 39 錢）

運轉時刻　停車場前―馬返　約1時間ヲ要シ　{ 停車場前發 5.40 ヨリ 5.40 マデ　15分乃至44分
馬　返　發 6.52 ヨリ 7.00 マデ　毎ニ運轉

日光電気軌道線 日光停車場～馬返
（大正13年3月15日改正）

大正十三年十一月一日改正　　**東 京 電 燈 會 社 線（電車）（連帯線）**　　並等車ノミ
但シ伊香保線ハ特、並等車
△印ハ連帯驛

驛　名	前橋線　澁川、岩神、田中町（前橋）（全區間 9.3 哩　運賃 39 錢）
	高崎線　澁川、高崎（全區間 13.0 哩　運貫 48 錢）
	伊香保線　澁川、△伊香保（全區間 7.8 哩　運賃特ニ1.60 圓　並等 80 錢）

運轉時刻　澁川―田中町（前橋）1時間ヲ要シ　{ 澁　川　發 5.40 ヨリ 7.00 マデ　40 分毎ニ運轉
田中町（前橋）發 6.00 ヨリ 7.20 マデ

澁川―高崎　1時間20分ヲ要シ　{ 澁川發 7.00 ヨリ 8.40 マデ　10 分乃至1時間每ニ運轉
高崎發 5.40 ヨリ 8.40 マデ

澁川―伊香保　約1時間ヲ要シ　{ 澁川發 9.00 ヨリ 8.55 マデ　40 分乃至2時間55分每ニ運轉
伊香保發 6.40 ヨリ 4.40 マデ

東京電燈会社線 前橋線・高崎線・伊香保線
（大正13年11月1日改正）

新今市・新藤原・高德・天頂間 （連帯線）

大正十三年六月一日改正　　（下野電氣鐵道線）　　並等車ノミ　△印ハ連帯驛

	新藤原・天頂行					驛　名	哩程	運賃	新今市・高德行				
	ロ	ニ	ヘ	チ	ヌ				イ	ハ	ホ	ト	リ
...	7.14	9.43	12.25	3.10	6.21	致95-98●新今市（今市）著	0.0	錢	7.04	9.36	12.05	2.54	5.43
...	7.20	9.49	12.31	3.16	6.27	〃　△大谷向	0.9	8	6.59	9.31	12.00	2.49	5.38
...	7.32	10.01	12.43	3.28	6.39	〃　△大桑	3.4	19	6.45	9.17	11.46	2.35	5.24
...	7.38	10.07	12.49	3.34	6.45	〃　△中岩	4.5	25	6.38	9.10	11.39	2.28	5.17
...	7.40	10.09	12.51	3.36	6.47	著　△高德	4.8	27	6.35	9.07	11.36	2.25	5.14
*...	*7.43	10.12	*12.54	*3.39	*8.50	發　高　德　著	0.0		*6.30	8.58	*11.31	*2.19	*5.08
...	8.00	10.29	1.11	3.56	7.07	〃　船生新田	3.2	18	6.13	8.44	11.13	2.01	4.51
...	8.09	10.38	1.20	4.05	7.16	〃　船生	4.8	26	6.04	8.36	11.05	1.53	4.43
...	8.15	10.44	1.26	4.11	7.22	著　天　頂	6.2	35	5.56	8.28	10.57	1.45	4.35
...	7.45	10.14	12.56	3.41	6.51	發　高　德　著	4.8	27	6.32	9.04	11.33	2.22	5.11
...	8.02	10.31	1.13	3.58	7.08	〃　△大原	7.7	43	6.18	8.50	11.19	2.08	4.57
...	8.09	10.38	1.20	4.05	7.16	〃　△新高德	8.9	49	6.12	8.44	11.12	2.02	4.51
...	8.19	10.48	1.30	4.15	7.26	著　△新藤原	10.5	58	6.01	8.33	11.02	1.51	4.40

下野電気鉄道線 新今市～新藤原～高徳～天頂
（大正13年6月1日改正）

西那須野・那須小川間 （連帯線）

大正十三年十二月十八日改正　　（東野鐵道線）　　二、三等車ノミ
各驛連帯
二等運賃ハ三等ノ七割五分増

	那須小川行						驛　名	哩程	運賃三等	西那須野行					
	3	1	5	7	9	11	13	95-98			2	4	6	8	10	12
...	8.40	10.04	12.55	3.25	6.34	8.25	發 西那須野 著	0.0	錢	8.00	10.00	12.00	2.30	4.50	7.51
...	8.56	10.56	1.11	3.41	6.49	8.40	〃 大田原 〃	2.9	14	7.48	9.48	11.48	2.18	4.33	7.39
...	9.09	11.09	1.24	3.54	7.02	8.53	〃 金丸 〃	6.1	20	7.30	9.30	11.30	2.00	4.20	7.21
7.30	9.38	11.38	1.45	4.15	7.20	8.01	〃 黒羽 〃	8.7	40	7.09	9.09	11.09	1.42	3.58	6.57
7.39	9.39	11.39	1.54	4.24	7.29	...	〃 湯津上 〃	10.1	40	7.02	9.02	11.02	1.32	3.52	6.52
7.52	9.52	11.52	2.07	4.37	7.42	...	〃 佐良土 〃	13.2	64	6.49	8.49	10.49	1.19	3.39	6.39
8.00	10.00	12.00	2.15	4.45	7.50		著 那須小川 發	15.2	73	6.40	8.40	10.40	1.10	3.30	6.30

東野鉄道線 西那須野～那須小川
（大正13年12月18日改正）

西那須野・鹽原口間 （連帯線）

大正十四年四月一日改正　　（鹽原電車線）　　特、並等車
△印ハ連帯驛

	鹽原口行					驛　名	哩程	運賃		西那須野行				
	3	5	7	9	11	13			特等	並等	14	4	6	8	10	12
	8.10	10.30	12.30	1.50	4.30	6.50	發95~98●西那須野 著	0.0	錢	錢	7.50	10.30	12.25	2.35	4.05	6.25
	8.49	11.09	1.09	2.29	5.09	7.29	〃　△谷 發	6.6	82	63	7.16	9.36	11.44	1.56	3.26	6.46
	9.05	11.25	1.25	2.45	5.25	7.45	著　△鹽原口	9.3	1.02	79	9.01	9.21	11.28	1.40	3.10	6.30

塩原電車線 西那須野～塩原口
（大正14年4月1日）

澁川・中之條間（電車）（非連帯線）

大正十三年四月一日改正　　（吾妻軌道線）

驛　名
澁川、鯉澤、北牧、横堀、小野子、村上、市城、青山、中之條

（全區間 13.0 哩　運賃 84 錢）

運轉時刻

全區間 1時間40分ヲ要シ

{ 澁　川　發 6.30 ヨリ 5.50 マデ　1時間乃至2時間50分每ニ運轉
中之條發 4.30 ヨリ 5.00 マデ

吾妻軌道線 渋川～中之條
（大正13年4月1日）

1章
カラー写真で見る
東武鉄道の蒸気機関車と
廃線など

【**東武鉄道熊谷線**】妻沼駅で発車を待つ2両編成のキハ2000形（2002＋2001）。
◎昭和34（1959）年4月　撮影：J.WALLY HIGGINS

東武鉄道矢板線

【矢板線の混合列車】B1形蒸気機関車56号機が牽く混合列車で、「ミキスト（＝Mixed Train）」とも呼ばれた。
◎新高徳付近　昭和33（1958）年8月　撮影：J.WALLY HIGGINS

東武鉄道熊谷線

【快速色時代】登場時の塗装を施されたキハ2000形（2001＋2002）。東武本線の快速用の塗分けと同色。
◎妻沼付近　昭和34（1959）年4月　撮影：J.WALLY HIGGINS

【オレンジ・ベージュ時代】昭和36
（1961）年からオレンジとベージュ
に塗分けされたキハ2000形。この
塗色の時代が最も長かった。
◎妻沼　昭和44（1969）年6月
撮影：木村和男

【セイジクリーム時代】昭和50（1975）年から採用されたセイジクリームの単色塗装のキハ2000形（2003＋2002）。
◎妻沼付近　昭和56（1981）年7月　撮影：風間克美

【妻沼駅】構内はキハ3両だけの世帯の割には広々していた。洗浄線も長く、蒸気機関車時代の給水タンクも残されていた。
◎昭和56（1981）年7月　撮影：風間克美

東武鉄道 日光軌道線

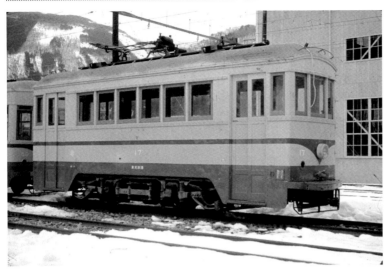

【テ10形（17）】100形と200形が登場するまで活躍した半鋼製車両で、昭和4（1929）年に15両が製作され、ボギーのトレーラーと組んで使用された。撮影当時は100形、200形と同じ塗り分けになっていた。
◎荒沢車庫　昭和31（1956）年3月
撮影：荻原二郎

【ハ50形（56）】昭和18（1943）年に輸送力増強のため、日本車輌で製作されたボギーの付随車。電動車に比べ車体長が長く、窓が大きいことが特徴であった。
◎荒沢車庫
昭和31（1956）年3月
撮影：荻原二郎

【100形（107）】いろは坂の全通ですっかり車が通らなくなった国道120号を100形がやってきた。
◎馬返付近
昭和40（1965）年12月
撮影：伊藤威信

【200形（205）】終えんに近い
日光軌道線を走る200形。
◎電車庫前
昭和43（1968）年1月
撮影：山本忠夫

【テ10形（12）】15両のテ10形で
100形、200形が登場後も唯一事
業用として茶色に塗られ在籍し
ていた。
◎電車庫前
昭和43（1968）年1月
撮影：山本忠夫

【ED600形（ED602）】数日後に迫っ
た日光軌道線廃止を前に、車庫内
は一般公開されて自由に立ち入る
ことができた。このED602はその
後国鉄に買い戻され復元、国鉄で
最初の本線用国産電気機関車であ
ることで昭和43（1968）年に準鉄道
記念物に、2018（平成30）年に重要
文化財に指定され、大宮の鉄道博
物館で展示されている。
◎電車庫前　昭和43（1968）年1月
撮影：山本忠夫

東野鉄道

【黒羽駅の構内風景】ホームに停車中の旧ガソリンカー
改造の2軸客車（ハ31＋ハ33）は、ラッシュ時には気動
車に増結され、混合列車の一員として活躍した。
◎黒羽　昭和41（1966）年12月　撮影：風間克美

【DC20形（DC201,202）】東野鉄道は蒸気動力を変更
するため、津軽鉄道から中古機関車を購入した。昭
和36（1961）年、先に入ったDC202は東野鉄道で茶色
に塗り替えられたが、後から昭和39（1968）年に入っ
たDC201は津軽鉄道の明るいグレー塗装のまま使用
された。
◎黒羽　昭和43（1968）年12月　撮影：矢崎康雄　中
◎黒羽　昭和41（1966）年12月　撮影：風間克美　下

【キハ500形（502）】栃木県の名産品である唐辛子の海を行く気動車。
◎大田原〜中田原　昭和43（1968）年12月　撮影：花上嘉成

【ハ32とキハ502】ハ32はキハ11を客車化した車両で、朝夕にディーゼル機関車に牽かれて走る。日中の列車はほとんどキハ501.502によって賄われた。
◎黒羽　昭和41（1966）年12月
撮影：風間克美

【キハ500形（501）】元五日市鉄道（現・JR五日市線）のキハ501は、東野鉄道廃止まで頑張っていた。変速機も最後まで機械式だった。写真は最終日。
◎黒羽　昭和43（1968）年12月
撮影：矢崎康雄

西武鉄道

【モハ21】現在では全長20mの車両が8両編成で走るこの区間を受け持っていた小さな木造単車。
◎小平～萩山　昭和29（1954）年11月　撮影：荻原二郎

【B13が牽くおとぎ列車】遊園地の客車のようなハ21形もハ31形に揃えてオレンジ色に塗り替えられた。
◎遊園地前　昭和57（1982）年11月　撮影：園田正雄

【頸城鉄道2号機】元井笠鉄道の木造客車が、頸城鉄道からやってきた2号機関車に牽かれて走る。
◎西武遊園地　昭和51（1976）年1月　撮影：園田正雄

【532号】返却する1，2号機に変え、西武鉄道が自前の機関車として台湾の製糖工場から譲り受けた2両の機関車は、新交通システムに改築されるまで井笠鉄道の木造客車を牽いて活躍した。◎遊園地前　昭和58（1983）年11月　撮影：園田正雄

【1号機関車】井笠鉄道の木造客車を牽引する元井笠鉄道の1号機関車。◎西武遊園地　昭和50（1975）年5月　撮影：園田正雄

各線の切符 （文・所蔵：堀川正弘）

東武鉄道熊谷線

大東武の小路線ですが、乗車券類は本体に負けませんでした。硬券の○秩 は、共同使用の秩父鉄道熊谷駅を示しています。尚、営業最終日の発行です。車内片道乗車券は、途中の大幡駅から乗車専用ですが、本来なら着駅（熊谷・妻沼）にも入鋏すべきなのですが、省略しても不都合がなかったのでしょう。

東武鉄道日光線

観光地だけあって車内乗車券も観光案内を兼ねています。見どころの地理的位置関係をわかるように配置したり、馬返からの接続状況・所要時間等も記載されています。特に「空中ケーブルカー」…当時は、ロープウェイという言葉が一般的ではなかったのでしょうか。

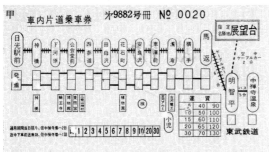

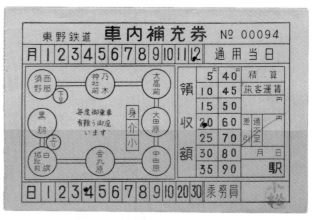

東野鉄道

ここの車内補充券は味があります。地紋なしの青色の紙に、手書感満載の記載。特に「毎度御乗車有難う御座います」の記述には和まされます。また、「通用当日」だけで「限り」が無いのも愛嬌です。西那須野駅発行の普通乗車券、発行窓口に○高とありますが、残念なことに何を表していたのか聞き漏らしました。

2章
東武鉄道本線・東上線の蒸気機関車

【B3型（34号）】鉄道省形式5600に準ずる自社発注機関車であり、東武鉄道で最後まで現役だった。引退後は東京都大田区の児童公園に保存された。◎川越市　昭和29（1954）年9月　撮影：竹中泰彦

東武鉄道のよんよんれい

隅田川の近くにそびえたつ東京スカイツリーの周辺には、50年以上も昔、東武鉄道の業平橋の貨物ヤードが広がり、いつもアメリカ・ボールドウィン製の22号機が黒煙を上げていた。

当時の東武鉄道の伊勢崎線や東上線には結構な本数の貨物列車が走っており、関東平野の各地から集められる農産物の輸送のほか、伊勢崎線の葛生周辺で産出される石灰石やその製品輸送も盛んであった。東武鉄道では電気機関車の整備が遅れがちで、電気機関車の牽く貨物列車はまだ少なかった。今はすっかり変わってしまったが、スカイツリーとそれに付帯する大規模な商業地一帯にはかつて東武鉄道の業平橋駅があった。昭和6（1931）年に隅田川を渡って浅草雷門（現・浅草）駅が開通するまで、業平橋駅は東武鉄道の起終点であり、浅草駅を名乗っていた。

雷門に至る高架線上に業平橋駅に改められる前の浅草駅は何本ものホームを持つ地上駅であり、その先右手方向、北十間川に至る部分、ちょうど今スカイツリーのそびえるあたりに東武鉄道のヤードと機関庫があった。主役はネルソンをはじめとするイギリス紳士の4-4-0だったが、中に22,25号というアメリカンがいて、業平橋の入れ替えに使用されていた。貨物列車の牽引の多くが電気機関車に変わったのちも常駐していたように記憶している。

これらの貨物輸送を担ったのはイギリス生まれの4-4-0テンダ機関車たちで40両以上の蒸気機関車が東武鉄道の本線上で煙を吐いていた。興味深いのはこのころ東武鉄道を走っていた蒸気機関車は1両を除いて4-4-0のテンダ機関車であった。沖田祐作さんの労作「機関車表」（滄茫会、平成5年）は各鉄道の機関車リストであるが1号機から64号機まで多くの蒸気機関車が在籍し、しかも同じ番号の形式で異なる車両も多数在籍した。在籍時期、使用線区で異なり問題はなかったのだろうが、1～3号機関車は4両の同番号機があったらしい。しかし僕の歩いたころ見かけたのは4-4-0のテンダ機関車ばかりで、唯一26号と称するB6が杉戸（現東武動物公園）の入れ換えに使用されていた。又沖田さんによればC11も1両おり、最近復活したSL大樹のルーツはこれだと勝手に納得した。

また、今はどこに行ったか東上線の常盤台の駅前に小さなタンク機関車が展示されていた。「1号機関車」と名乗っていたが、戦後のどさくさの中、和歌山県の有田鉄道からやってきたドイツ生まれの機関車だった。

東武本線と直接線路のつながっていない東上線の方にもたくさんの4-4-0が活躍した。石灰石の搬出のほか軍用路線もあり、戦後アメリカ軍の管轄下にあった啓志線のために池袋に近い上板橋には広いヤードがあって4-4-0が常駐していた。本書はあくまでも地方の中小私鉄を取り上げるのが趣旨だが、当時の東武鉄道での蒸気機関車の活躍ぶりを外すには忍び難く、さらに今はなき矢板線、熊谷線の存在もあって本書に取り上げることにした。

東武鉄道の蒸気機関車は東上線では昭和34（1959）年3月31日が最後で5両の機関車が使用されていたが、全車本線に転籍した。東武本線でも昭和41（1966）年6月30日が最終で残っていたのは30,31,34,39,40号の5両だった。

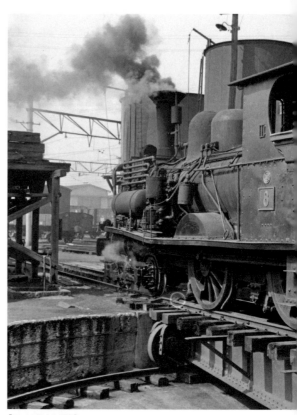

【B1形（8号）】
本線の貨物を牽いてきて業平橋の転車台で向きを変える。
◎業平橋 昭和36（1961）年3月 撮影：髙井薫平

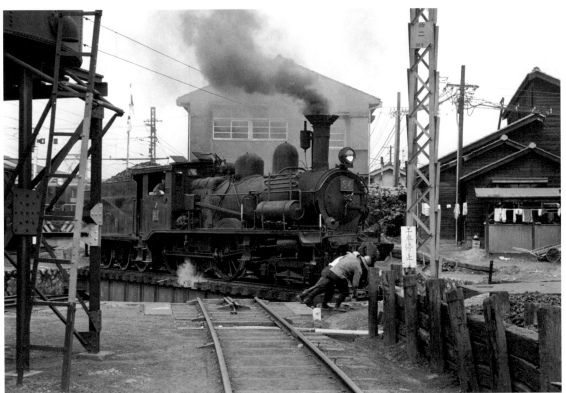

【B3形（34号）】館林には伊勢崎線系の蒸気機関車の機関区があり、東上線系の本川越と双璧であった。東武鉄道の貨物を扱う主要駅には転車台があったが、僕の知る限り各駅とも人力であった。上／二人掛かりで回り始め、下／半分回った・・・。機関車はベルペア式火室を持つ国鉄5650相当の自社発注機。◎館林　昭和40（1965）年9月　撮影：髙井薫平（上・下とも）

【D 1 形（25号）】アメリカ・ボールドウィン社から大正元（1912）年に購入した機関車20～25号だが、戦後すぐに廃車が進み、僕たちの目に触れることのできたのは22,25号の2両であった。25号機は杉戸の入れ換え用だった。
◎杉戸　昭和29（1954）年10月　撮影：竹中泰彦

【館林機関庫を内側から見る】庫内で仕業を待つ4両の機関車。天井に明り取りがあり庫内は明るく写真撮影が可能だった。
◎館林　昭和40（1965）年9月　撮影：髙井薫平

【D 1形（22号）】イギリス製が多い東武鉄道の蒸気機関車の中で珍しいアメリカ製である。国鉄の形式5700あたりと仲間のアメリカンスタイルだった。他では急行列車などに使用されたようだが、東武鉄道ではもっぱら業平橋の入れ換えに供せられたようで、本線上の雄姿に接したことはなかった。◎杉戸　昭和29（1954）年5月　撮影：竹中泰彦

【B 3形（30号）】山が活況を呈していたころ。葛生地区にはたくさんの鉱山関連の専用線があり、その多くは個別の機関車を持っていなかったので、東武鉄道の4-4-0がその任務にあたっていた。◎葛生地区　昭和33（1958）年4月　撮影：竹中泰彦

【B４形（35号）】鉄道省5500形系列の機関車だが、製造メーカーがシャープスシュチュアート製に変った。６両の小所帯で大正11（1922）年に揃って東武鉄道に移籍し、35～40号になった。◎新河岸　昭和28（1953）年３月　撮影：青木栄一

【伊勢崎線の貨物列車】東武鉄道では貨物列車に組み込む緩急車の近代化に取り組み、写真の機関車の次に連結されたような広いデッキを持つ車掌車が生まれ、明るい淡緑色に塗られて異彩を放った。
◎館林付近　昭和40（1965）年９月　撮影：髙井薫平

【45号の牽く貨物列車】元鉄道省6249号で明治生まれの古強者（ふるつわもの）。6200形は合計75両が製作された。国鉄ではその後一部がタンク機関車に、あるいは加熱式に改造されたりしたが、未改造のまま東武鉄道に10両が移り、形式Ｂ５形として使用され、東武鉄道で走った年月のほうが長くなった。◎梅島〜五反野　昭和28（1953）年２月　撮影：青木栄一

【Ｂ５形（46号）】元国鉄6200形はイギリス・ネルソン製の機関車である。ピーコックの5500形と双璧をなす軸配置4-4-0のテンダ機関車、東武鉄道だけでなく全国の主要鉄道で活躍した名機関車の一つであった。
◎杉戸付近　昭和31（1956）年５月　撮影：上野巌

【A 2形（26号）】東武鉄道には珍しいタンク機関車である。B 6と言えば蒸気機関車ファンにとってはお馴染みのカマだったが、4-4-0が主力の東武鉄道では影が薄く、もっぱら杉戸駅で入れ換え作業が主な仕事だった。
◎杉戸　昭和29（1954）年 8 月　撮影：三竿喜正

【杉戸駅構内】
昭和56 (1981) 年に東武動物公園と名前を変えた杉戸駅には、機関区と蒸気機関車の工場もあった。写真は杉戸駅北側からの撮影。伊勢崎線の上り貨物列車が杉戸駅に進入している。この列車の後ろ側には杉戸で分岐した日光線の線路がある。右側に煙を上げている機関車の後ろが機関区、工場などのあるヤード。
◎杉戸　昭和29 (1954) 年10月　撮影：竹中泰彦

【B3形 (31号)】
当時の葛生駅にはいくつかの専用線もあり、それらの多くには東武鉄道の機関車が入れ換え仕業についていた。この31号は形式B3に該当するもので、東武鉄道蒸気機関車の主力だった。
◎葛生　昭和37 (1962) 年2月　撮影：竹中泰彦

【B6形61号のサイドビュウ】戦前に鉄道省から払い下げられたナスミス・ウィルソンの「よんよんれい」、大きな第1動輪のカバーにつけられた弧を描く銘板も美しく磨かれている。◎杉戸　昭和29 (1954) 年10月　撮影：竹中泰彦

【B 3 形（30号）】
最後まで佐野線に残った東
武鉄道発注の国鉄形式5600
相当の機関車で、廃車後は地
元の喜多山公園に保存され
ている。
◎葛生
昭和33（1958）年10月
撮影：竹中泰彦

【B 4 形（39号）】
葛生の貨物ホームに停車中。
当時、葛生から出る貨物は石
灰石以外にも関連製品など
様々で、一般の有蓋貨車も多
く使用された。
◎葛生
昭和39（1964）年2月
撮影：竹中泰彦

【C 11形（C 112）】
輸入機関車ばかりだった東
武鉄道の蒸気機関車の中で
唯一国鉄正式形式を持った。
この機関車の存在が平成29
（2017）年に登場した「SL大
樹」の復活の理屈の裏付け
だったのかと妙に納得した。
もっともこのC 112は国鉄の
機関車ではなく奥多摩電気
鉄道が発注したものである。
◎館林
昭和38（1963）年6月
撮影：村松功

【小泉線の貨物列車】
終点の小泉には転車台がなかっ
たのか、バック運転である。最
後尾にはワフが付いている。
◎舘林～成島
昭和28（1953）年7月
撮影：青木栄一

【葛生駅の構内を望む】
葛生（くずう）駅の西側からの撮影。
東武佐野線の終点葛生は佐野から北
上してきた線路が右にカーブ、写真
に写っている小曽戸川橋梁を渡っ
て葛生に到着する。写真の葛生駅の
ホームには東武鉄道の電車が止まっ
ているが、右手のヤードには多くの
貨車が見られる。ここはかつて東武
の貨物の一大拠点であり、蒸気機関
車も多く活躍していた。葛生からは
貨物専用線が3路線が先に延び、東
武の会沢（あいざわ）線が石灰を、東
武の大叶（おおがのう）線がセメン
ト、日鉄鉱業羽鶴専用鉄道がドロマ
イト（苦灰石、白雲石とも呼ばれるセ
メントやガラスなどの原料）を運ん
でいた。
◎昭和44（1969）年
撮影：朝日新聞社

【日鉄羽鶴専用線】
日鉄鉱業は日本製鉄の鉱山部門が分離独立した会社で、全国に鉱山を所有していたが、その一部には専用鉄道や専用側線を有していた。日鉄羽鶴専用鉄道もその一つで、973号、1080号と4-4-0を改造した軸配置2-B-1（ホワイト式に書けば4-4-2）のタンク機関車がいて人気だった。専用線の廃止後、京都の梅小路機関車館に引き取られた。
◎常盤〜羽鶴
昭和41（1966）年3月
撮影：今井啓輔

【日鉄羽鶴にもDLが入った】
蒸気機関車973号、1080号に代わってディーゼル機関車（DL）が登場し、蒸気機関車は1080号が予備として残った。
◎羽鶴　昭和44（1969）年7月　撮影：高井薫平

【構内で一休みしたたずむ形式 1070（1080）号】
1080号は専用鉄道の無くなった同社の新潟赤谷事業所から転属してきた。ＤＬ化されたのちも残り、専用鉄道の廃止により梅小路の機関車館に移った。
◎羽鶴構内
昭和41（1966）年3月
撮影：今井啓輔

【住友セメント専用線】
東武佐野線会沢線上白石（貨物駅）から唐沢山の採掘場まで走っていた3.3kmの軌間762mmの専用鉄道で、「住友セメント唐沢原石軌道」といわれていたが、平成２（1990）年に姿を消し、今ではカプセルライナー（空気圧送式輸送機）によって石灰石が運ばれている。
◎上白石付近
昭和44（1969）年7月
撮影：髙井薫平

【住友セメント専用線】
唐沢原石採掘所構内。
◎唐沢山作業所内
昭和44（1969）年7月
撮影：髙井薫平

【46号の牽く伊勢崎線列車】元国鉄の6236号であり、通称「ネルソン」の名で親しまれた。
◎杉戸　昭和29（1954）年1月　撮影：竹中泰彦

【給炭が終え出発を待つ34号機】館林での給炭作業はバケット式給炭機を使用して、テンダに石炭を積み込む。
◎館林　昭和40（1965）年9月　撮影：髙井薫平

【B4形（40号）】現在からは想像できない東上線の成増駅。停車中の電車は国電63形と同じモハ7300形だ。
◎成増　昭和29（1954）年9月　撮影：竹中泰彦

【国鉄9600形（19604）号】東武鉄道では貨物列車の増発と保有機関車の老朽化のため、国鉄から9600形を借り入れていた。沖田祐作氏の『機関車表』によれば、ほかにも49636号、79665号の2両も記載されている。
◎川越機関区　昭和32（1957）年8月　撮影：高井薫平

【上板橋駅構内】戦時中に作られた上板橋から分岐し 陸軍第一造兵廠（現在の陸上自衛隊練馬駐屯地）の線路を、戦後GHQの命令で延長、成増陸軍飛行場跡地のグラントランドハイツ（現在は光ヶ丘団地）に進駐軍関係者と物資輸送のため設けられた啓志線（6.3km）は、途中に駅が2つあったという。啓志線は電化されておらず、貨物は東上線の4-4-0、旅客用には国鉄からキハ41000形を供出させたという。上板橋駅構内には転車台、給水塔、給炭設備が設けられていた。昭和34（1959）年7月廃止された。◎上板橋構駅内　昭和30（1955）年4月　撮影：竹中泰彦

葛生周辺の貨物線（昭和40年）

館林から佐野を通り葛生までが東武佐野線である。葛生から先は石灰石などの鉱石運搬のための貨物線、会沢（あいざわ）線である。次の上白石駅（貨物駅）で分岐、直進するのは大叶（おおがのう）線、左に別れ北上する日鉄鉱業羽鶴線があった。また上白石から会沢線と並行する右手にある線は住友セメント唐沢鉱山専用鉄道（軌間762mm）である。葛生はそれぞれの鉱山からの貨物列車の組成を行った貨物の中継地であった。◎国土地理院地形図

3章
東武鉄道矢板線・熊谷線、伊香保軌道線日光軌道線

【200形(202)】東照宮の参道前にある神橋の横に架けられた鉄橋に真新しい連接車がやってきた。この鉄橋は軌道廃止とともに撤去されている。◎昭和38(1963)年11月　撮影：矢崎康雄

東武鉄道 矢板線

東北本線の矢板駅から鬼怒川方面に東武鉄道の支線が出ていたことは地元でも知る人は少なくなった。しかもこの線は電化されていない非電化路線で、下野電気鉄道から東武鉄道に引き継がれてから昭和34 (1959) 年6月30日に廃止となるまで「4-4-0」の牽く混合列車の独壇場であった。同じ東武鉄道の熊谷線同様、終点に転車台がなかったので帰りはバック運転であった。

「鉄道ピクトリアル」81号で見開きを飾った「ピーコック万歳」と名付けたバック運転の列車を撮られたのは、大学の先輩である三竿喜正氏であった。この1枚の写真はその後の僕の鉄道写真の撮り方に大きな影響を与えてくれたのは間違いない。

矢板線の客車は、現在、東武博物館で保存されているデハ5の仲間である。東武鉄道オリジナルの木造電車デハ1形を電装解除したものであり、コハフ11〜13の3両が在籍した。矢板線は大正13 (1924) 年に下野電気鉄道という別会社により藤原線 (現・東武鬼怒川線) 高徳 (現・新高徳) から東北本線の矢板に向かう途中の天頂までが開通した。

下野電気鉄道は軌間762mmの軽便鉄道で2両の電気機関車と1両の電車を保有して今市〜藤原間で使われていた。昭和4 (1929) 年天頂から矢板まで全通を機に1067mmに改軌、翌年高徳〜藤原間も改軌された。1両しかない電車は改軌されたが2両の電気機関車はあまりに小さかったので売却、1両は花巻電鉄に行った。たった1両の電車は銚子電気鉄道に売却され、ここで車体を大改造してデハ101になった。

機関車は東武鉄道から蒸気機関車を借り、列車の運転本数の増加を図って2軸のガソリンカーキハ1、2を用意したものの、昭和18 (1943) 年5月東武鉄道の矢板線になった。キハ1は矢板線で客車として、キハ2は船橋線 (現・野田線柏〜船橋)・越生線で客車としてしばらく使用された。キハ2は川越機関区構内で倉庫になっていた。以来、ピーコックの牽く電車改造客車による混合列車の運転は昭和34 (1959) 年7月1日の廃線まで続いた。

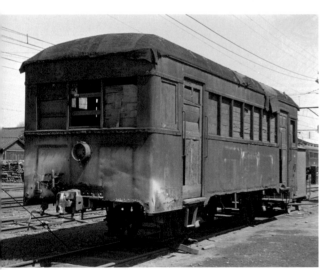

【キハ1形 (2)】
下野電気鉄道の未電化区間 (矢板線の一部) で使用するため、昭和5 (1930) 年に汽車会社支店で作ったガソリンカー、前照灯が市内電車のように窓下にあるのが珍しい。戦時中に客車化され。ピーコックのお供になった。廃車後は川越で倉庫になっていた。
◎川越　昭和31 (1956) 年7月　撮影：高井薫平

【混合列車】
機関車1、無蓋貨車1、客車1、そして最後尾の緩急車1、混合列車 (貨物列車と旅客列車を一つにした列車) として最小限の要素を詰め込んだ矢板線の列車。
◎天頂　昭和34 (1959) 年5月　撮影：上野巌

【天頂駅構内】矢板線のほぼ中間に位置し、新高徳から矢板まで全通するまでの終着駅だった。立派な交換駅で側線もあったが、実際に使用されたかどうかは不明である。◎天頂　昭和34（1959）年7月　撮影：上野巌

【B1形59号の牽く新高徳行混合列車】
1日に何本も走らない列車のお通りに、田植えする人たちも一休み。
◎天頂付近　昭和34(1959)年7月　撮影：上野巌

【B1形59号の牽く混合列車】 矢板線のピーコックをとらえた「ピーコック万歳」、鉄道ピクトリアル81号を飾った三竿先輩の写真は当時大変なインパクトで僕の脳裏にインプットされた。
◎玉生～矢板　昭和32(1957)年4月　撮影：三竿喜正

【B1形（59号）】バック運転の59号が牽く矢板行き列車。◎天頂　昭和34（1959）年5月　撮影：上野巖

【後ろの客車から前方を見る】機関車の幅が2m少々と狭いので、空気だめのパイプを隔てて前方を注視する機関助士や水を張った田んぼで田植えする人など楽しい情景である。◎昭和34（1959）年7月　　撮影：上野巖

【59号の牽く新高徳行き列車】いつもの編成に有蓋貨車2両、無蓋貨車1両をつないでいる。あの頃なんとなく眺めた貨車たちも、すでに過去帳入りしている。◎昭和34(1959)年　撮影：荻原二郎

ことば解説　下野電気鉄道

　東武鬼怒川線、廃止になった矢板線の前身の会社である。鬼怒川線（当初の呼称は藤原線）は大正2(1913)年鬼怒川発電所建設の資材輸送を目的として建設された762mmゲージの軌道から始まった。大正4(1915)年に藤原軌道（株）として会社が創立され、同年、下野軌道（株）に改称、大正6(1917)年に大谷川（だいやがわ）北岸の大谷向（だいやむこう）今市から 鬼怒川南岸の中岩まで4.9kmを開業、蒸気機関車けん引の混合列車が1日6往復した。大正9(1920)年新今市〜藤原16.2km が全通。当時東武日光線は開通しておらず新今市は省線（今はJR東日本日光線）今市へ連絡した。翌年、下野軌道は下野電気鉄道に改称され、大正11(1921)年 新今市〜藤原間を600Vで電化、電気機関車がけん引した。同年、軌道法から地方鉄道法に変更。大正13(1924)年、後に東武矢板線となる高徳〜天頂9.7km が開通

した。昭和4(1929)年、東武日光線が下今市まで開通、起点を省線今市から東武の下今市駅に線路が付け替えられ、同時に1067mmに改軌、天頂〜矢板間を1067mmで建設、下今市〜新高徳〜矢板間が1067mmゲージになり下今市〜矢板間の直通運転を開始した。改軌当初は車両が少なく直通先の東武鉄道から蒸気機関車や客車を、電車も日光電気軌道から借り入れたという。非電化区間である矢板線には汽車会社でガソリンカー 2両が新製された。翌年には残る新高徳〜新藤原間も改軌し、昭和6(1931)年藤原線は1500Vに昇圧、デハニ101形（東武鉄道に引き継がれてからの改番ではモハニ1670型）3両が川崎車輌で新造さた。下野電気鉄道線は昭和初期の不況、乗合自動車業者との競合などで経営状況は苦しく陸上交通事業調整法による交通統合で昭和18年(1943)年東武鉄道に買収され解散した。

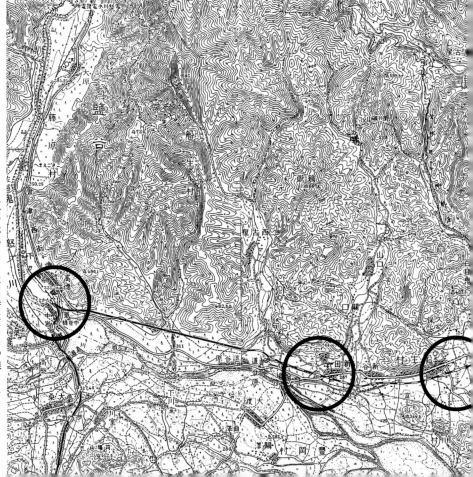

下野電気鉄道時代の矢板
線。沿線は線路近くの平
地の先は低い山地で、林
業、鉱物の輸送が目的の
一つだったことがわかる。
高徳から北に延びている
軌道は藤原線で、現在は
下今市からの東武鬼怒川
線となっている。この時
は下今市〜高徳〜矢板は
すでに1067mmになって
いるが、藤原線高徳から
北の部分はまだ762mmの
改軌前のもので黒い実線
だ。高徳は昭和4（1929）
年10月に新高徳に改称し
ている。
◎陸軍陸地測量部地形図

【新高徳行き列車】
矢板線における基本編成、機関車・客車・車掌車の順番は上りも下りも同じだ。終点では機関車の付け替えと車掌車の付け替えを行っていた。
◎昭和34（1959）年7月　撮影：上野巌

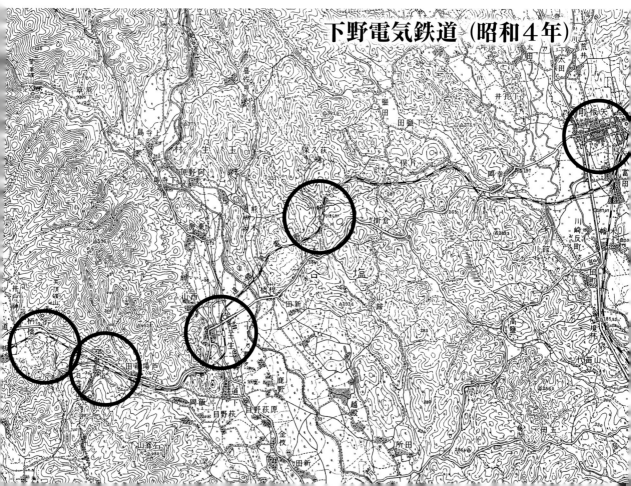

下野電気鉄道（昭和4年）

東武鉄道 熊谷線

高崎線の熊谷から利根川南岸の妻沼に至る10.1kmの路線があった。正式路線名は東武鉄道熊谷線と言うらしいが、僕らは「妻沼線」と呼んでいた。もともと利根川を渡った先の小泉地区の軍需工場に従業員を運ぶため昭和17（1942）年に計画され、翌年に妻沼まで開通している。これから先、利根川を渡れば東武鉄道小泉線に近く、戦時中に利根川を渡る工事も進んでおり、うろ覚えの記憶だけれど、熊谷線訪問の後、桐生方向に抜ける道すがら利根川に橋脚が残されていたのを見たが、現在はなくなったようだ。

戦時開業の熊谷線には。館林機関区から2両（27,28号）の4-4-0が転属、電装を外した木造電車や国鉄から譲受した雑形客車を牽引したようだ。しかし昭和29（1954）年に東急車輌製の新鋭ディーゼルカーが投入され、「特急カメ」などと悪評だった蒸気列車は姿を消した。

じつは、僕は蒸気時代の熊谷線には行っていない。その気になれば行くことができたはずなのに、行っていない。また周囲を見回しても蒸気機関車時代の記録には出会わなかった。それに東武鉄道の4-4-0は都内でいつでも見られるし、蒸機が電車を引くという非常識を受け入れられない若気の至りもあった。それよりもっと魅力ある鉄道は東京の周辺にはたくさんあり、あの頃、小湊鉄道、九十九里鉄道、常総筑波鉄道の竜ケ崎などを訪問している。

熊谷線に初めて出掛けたのは昭和30（1955）年である。3両のディーゼルカーはまだ登場当時の青系の塗分けでディーゼルカーらしい塗色だった。もっともこの塗り分けは本線の快速用にクロスシートで整備改造されたモハ3210形の塗分けと同じで、その後、ベージュとオレンジ、さらに廃止されるまでは他の東武の電車と同じセイジクリーム1色になっていた。

熊谷では今の秩父鉄道のホームの片側の半分ほど、つまりホームの中ほどでレールの上に砂利が盛られていて、そこから先からは秩父鉄道の羽生行電車が停車していた。そして秩父鉄道の二つ目の石原手前まで並走して右手に分かれ、緩い勾配で高崎線をオーバークロスして妻沼に向かっていた。終点の妻沼にいたのは真新しい3両の気動車だけで、蒸気時代の残影は見付けられなかった。沿線の風景は国鉄高崎線を越える長いバンクとオーバークロス以外は単調な畑の中を走っていた。終点の妻沼にはちょっとした保守の設備があるだけで片線のホームがあった。

かつて利根川を隔てた群馬県太田市一帯は中島飛行機の本社工場など軍需工場が盛況であった。そしてそこで働く人たちは熊谷から東武鉄道熊谷線に乗り換え、妻沼に至り、ここでバスに乗り換えて多くの工員が日夜、利根川をわたって太田地区の中島飛行機の工場に向かったと聞いた。また、国は利根川の架橋を急ぎ、貨物列車の運転ももくろんでいたが終戦とともにこの計画は立ち消えになった。

【キハ2000形（2002）】
世間が落ち着いてくると効率の悪い蒸気列車にいつまでも頼るわけにいかず、昭和29（1954）年に東急車両で3両の新型ディーゼルカーを製造して蒸気機関車が引退することとなった。当時、国鉄はじめ地方の中堅私鉄に現れた新型ディーゼルカーがいずれも全長20mだったのに対し、キハ2000形は16mクラスの中型車で、エンジンも一回り小さなものが付けられていた。
◎熊谷　昭和29（1954）年10月
撮影：竹中泰彦

【B2形（27号）】旧国鉄形式5300、明治生まれの機関車で大正3（1914）年、東武鉄道にやってきた。いわゆるイギリス生まれのピーテンの元祖的存在といえる。戦時中に熊谷線が開通すると、28号とともに軍需工場の従業員輸送に使用された。
◎妻沼　昭和26（1951）年8月　撮影：園田正雄

【お別れ列車】最終日の列車はお別れ運転のヘッドマークを取り付け、1両増結して2両編成になった。
◎大幡～妻沼　昭和58（1983）年5月　撮影：矢崎康雄

45

【客車代用のモハ1100】
熊谷線のために集められたのは
電装を外した古い木造電車だっ
た。車両番号も電車当時のまま
であった。
◎妻沼　昭和26（1951）年 8 月
撮影：園田正雄

【客車代用のクハ210】
当初投入された木造電車は 3 両
だったが、2 両または 3 両編成
で27,28号が牽引、高崎線を越え
る長い勾配は難所だったそうだ。
◎妻沼　昭和26（1951）年 8 月
撮影：園田正雄

【コハフ200形（200）】
総武鉄道から引き継いだ電車型
の客車、総武鉄道時代の雑型木
造ボギー客車の台枠を流用し、
木骨鋼板張車体を日鉄自(現・
東洋工機)で戦時中に製作した
車両。電車のようなスタイルで
クハ200を名乗ったこともある。
◎妻沼　昭和29（1954）年
撮影：青木栄一

熊谷駅は明治16（1883）年、日本鉄道により上野〜熊谷が開通したときにできた駅で歴史は古い。このあたり線路は東西に走っており、中山道や熊谷の町は駅の北側、駅舎は北に位置する。明治34（1901）年にのちの秩父鉄道になる上武鉄道も開業している。東武熊谷線の開業は昭和18（1943）年である。写真の駅舎は昭和38（1963）年に改築されたもの。昭和58（1983）年5月末で東武熊谷線が廃止になり、11月に南口が新設されている。駅業務は昭和62（1987）年新築され駅ビルに移った。
◎熊谷駅
昭和46（1971）年5月
撮影：荻原二郎

【キハ2000（2001）】誰もいないホームにキハ2001が止まっていた。なかなかしゃれた中型車だったが、熊谷線廃止後に再就職することはなかった。じつはこの日は自動車で移動しており、結局熊谷線には乗らずじまいだった。
◎妻沼　昭和39（1964）年8月　撮影：髙井薫平

【キハ2000形】妻沼駅の構内は広く、長いホームが印象的であった。側線が多いのは将来、利根川を越えて対岸の工場への貨物輸送を目論んでいた名残だ。◎妻沼　昭和39（1964）年8月　撮影：田尻弘行

東武鉄道 伊香保軌道線

　高校の修学旅行で草津温泉に行くことになり、昭和28（1953）年夏の日、渋川駅で降りた。駅前にすごくほろい単車が並んでいた。バスに乗り換える前に1枚撮った。電車は何台か停まっていたが、撮った写真はこの1枚だけ。地元の大工さんが作ったという車体は当時の僕の鉄道趣味の目線からは別世界の存在だった。結局、伊香保電車の写真はこの1枚だけで、その後、2年先輩の竹中泰彦さんから伊香保に行こうと誘われた時も、僕は実に冷たい反応をしたらしい。ということで本書の写真は竹中泰彦さんのものを中心として構成した。

　東武鉄道の伊香保軌道線は、東武となる前は東京電燈が保有する軌道線で、そのはじまりは前橋線で、上毛馬車鉄道として開業した。軌道は渋川から前橋、高崎へ路線があり、渋川がその中心であったが昭和28（1953）年に高崎線が廃止され、その翌年には前橋線が廃止されている。3線の中で唯一専用軌道区間の長い伊香保線が昭和31（1956）年まで残った。利根川流域の発電事業は盛んで、発電所建設のための軌道が沼田付近まで伸びていた。このあたりのことは「鉄道ピクトリアル」の誌上において、路面電車研究で著名な小林茂氏が詳細を述べておられる。

　終点の伊香保の駅は温泉場の入口にあり、温泉客の利用も多かったが、バスの急速な発達にはなすすべもなかった。もっともそれ以前から車両の近代化に東武鉄道自身は関心がなく、同じ観光電車であった日光軌道線の近代化とは好対照であった。

　伊香保温泉に行く電車は渋川の駅からしばらく駅に通じる国道を走ってから、左に折れて伊香保に向かう。渋川駅の海抜が173m、終点の伊香保駅は697mの高地で、この間の最急こう配57.1‰、平均でも41.8‰という山岳路線、途中、スイッチバックと安全側線を兼ねた停留場が4か所あった。所要時間は45分だったという。乗客の多い時には続行運転も行われた。伊香保電車を有名にしたのは、渋川に下る電車はほとんどの区間でポールを下げて走っていたことだ。制御器は直接制御で電磁吸着ブレーキが付いていた。ただこの電磁吸着ブレーキは非常用と位置付けていて、ハンドブレーキが常用ブレーキとして使用されたと聞く。

　新製当時の車体はスマートだったそうだが、その後、傷みが激しくなって地元の大工さんの手によって更新工事が行われ、ご覧の姿に生まれ変わった。この伊香保線の特徴は前照灯も尾灯もなかったことで、前照灯は夕方になると他から持ってきて取り付け、運転台にコードを伸ばして明かりを灯した。尾灯は最後までついてなかった。

　なお、この地区の電力開発事業に絡む電気軌道がいくつか存在した。沼田に至る利根軌道や渋川から中之条に至っていた762mmの吾妻軌道20.8kmがあり、利根軌道と吾妻軌道は電化されていて、小さな電気機関車が使われたが、一部では小型電車も用いられた。中之条で馬車などに乗り継いで四万温泉や草津温泉に至る観光ルートになっていたという。これらはずいぶん昔の話になるが、そのころ渋川の町は背後の群馬の名湯を控えてなかなか楽しい場所だったようだ。

【渋川駅前】
「どの電車が伊香保に行くダンベ」と戸惑う老婆。
◎渋川駅前
昭和30（1955）年10月
撮影：竹中泰彦

（伊香保軌道の車両）

昭和28（1953）年7月、渋川新町～高崎駅前間20.3kmが廃止されるが、この時点で在籍したのは全部木造車で、電動車がデハ1～34の34両、附随車がサハ1～4の4両、それに電動貨車4両であった。しかし、前橋線が翌年3月に廃止されて、伊香保線だけになって車両も激減した。伊香保線用に残ったのはデハ2,11,13,15,17,21,23,27,28,30,31,33,34の13両とデト4,9の15両であった。

戦後、傷みの目立ってきた軌道線の車体更新のモデルとし、デハ11がシングル屋根で窓配置1D6D1、側窓は2段上昇式のスマートなスタイルで大栄車輌の手で昭和24（1949）年に行われた。その後の車体更新は地元の大工さんに依頼したとかで、あまり車体に手を加えない簡便なものとなり、シングル屋根で扉は外吊り、窓配置は1D8D1となった。

13両の番号は飛び飛びのため、製造年、モーターの出力、制御装置、台車の製造会社などまちまちであったが、更新時に電機品、台車を同一形式のものと交換し仕様の統一が図られた。まったく屋根のないデト2両が伊香保線に残っていたのは、伊香保温泉への物資輸送用だったようだ。

【渋川市内】市内を走る車内でのスナップ。
◎昭和30（1955）年10月　撮影：竹中泰彦

【渋川駅前に並ぶ30,15,13号車】
国鉄渋川駅前の道の上に立て看板があり、伊香保温泉に行く電車が並んでいた。1年の夏季教科が草津温泉に決まって、渋川まで列車、ここで貸し切りバスに乗り換えた。その間で撮った1枚、実は僕の撮った唯一の伊香保電車である。
◎渋川駅前　昭和28（1953）年8月
撮影：髙井薫平

【渋川新町】渋川市内を走る33号電車。
◎渋川新町　昭和28（1953）年
撮影：青木栄一

【ポールを下げて走る13号】
伊香保から山を下るとき、電車はポールを下げて走った伊香保電車の名物の一つだったが、今では許されることだろうか？
◎昭和30（1955）10月
撮影：竹中泰彦

【対向電車の到着を待つ】
渋川行が到着する間、運転士さんと車掌さんは車外に出てしばしの休憩をとる。
◎昭和30（1955）10月
撮影：竹中泰彦

【渋川行き23号と伊香保行き2号の行き違い】
2台の電車が並んでいる。何か変だ、前照灯も尾灯も付いていないのだ。おまけに山を下る23号はポールを下げている。
◎昭和30（1955）10月
撮影：竹中泰彦

【伊香保行の33号】「RAIL ROAD CROSSING」と書かれた踏切も懐かしい光景だ。
◎大日向　昭和31（1956）年4月　撮影：園田正雄

【道路脇を渋川に向かう14号】モニター屋根のこの車両は、高崎軌道線、前橋軌道線廃止の際に姿を消している。
◎関沢〜荒牧　昭和30（1955）年2月　撮影：青木栄一

【沿線雑景】伊香保温泉に登る電車は榛名山のすそ野をゆっくり走っていく。途中、完全な高原のようなところを抜け、公園の雑木林の中を走る。この付近、現在はゴルフ場、別荘地、ホテルなどに変わり、道も広くなった。「水沢観音」の看板のある踏切の小道も今は大型バスが疾走する。伊香保電車で有名だったのは、Ｙ線タイプの行き違い設備と、ポールを下げて山を下る姿だった。◎昭和30（1955）年10月　撮影：竹中泰彦

【高崎市内を行く19号】伊香保軌道線のうち、高崎線が一番早く昭和28 (1953) 年7月に廃止された。
◎九蔵町通り　昭和28 (1953) 年5月　撮影：田部井康修

【高崎駅前】
60数年前の高崎駅前、渋川方面から来た
電車は駅前で右手に曲がったところに停
留場があった。左手正面が国鉄高崎駅、
右手奥に上信電鉄の乗り場がある。
◎高崎駅前　昭和31 (1956) 年
撮影：田部井康修

【トレーラを牽く前橋線の5号】昭和29（1954）年3月に廃止された前橋線は利用者も多く一部の電車はトレーラを牽いていた。
連結器は朝顔タイプの簡便なもの、ブレーキは手ブレーキである。右手のバスは懐かしいキャブオーバータイプだ。
◎前橋駅前通り　昭和26（1951）年1月　撮影：田部井康修

【ホームに沿って３両が待機中】乗客が多い時には続行運転も行っていた。外吊り式の扉の仕組みがよくわかる。
◎伊香保　昭和30（1955）年10月　撮影：竹中泰彦

【伊香保駅構内】冬場の寒さを避けて２線式の立派な車庫がある。◎伊香保　昭和30（1955）年10月　撮影：竹中泰彦

【伊香保駅で出発を待つ13号】
伊香保電車には前灯はおろか、尾
灯も見当たらなかった、日が暮れ
てくると、前照灯を持ってきて取
り付けた。
◎伊香保　昭和30（1955）年10月
撮影：竹中泰彦

【伊香保駅】道路から乗り降りした渋川駅前に比べ、伊香保温泉を控える伊
香保駅はしゃれた駅舎を持つ立派なものであった。現在もこれを復元した
ような駅舎ができ、復元された電車とともに、伊香保温泉の玄関口にある。
◎伊香保　昭和30（1955）年10月　撮影：竹中泰彦

高崎駅

明治17（1884）年日本鉄道の手により高崎駅が開業した。高崎から先は明治26（1893）年に群馬馬車鉄道が高崎〜渋川間を開業。軌間が1尺9寸、これは576mmで営業用鉄道のものとしては日本最狭だった。この会社は明治41（1908）年 高崎水力電気に合併、明治43（1910）年に1067mmに改軌、電化。翌年伊香保まで直通運転が始まっている。昭和2（1927）年から東武鉄道に引き継がれたが高崎駅前〜渋川は昭和28（1953）年に廃止されてしまった。駅舎は明治33（1900）年に改築され二代目駅舎になった、写真の駅舎は大正6（1917）年に改築された三代目駅舎である。優れたデザインで長く親しまれたが駅ビル建設に際し、昭和55（1980）年12月に保存されることなく解体された。昭和57（1982）年上越新幹線が開業した年に新駅舎、駅ビルが完成している。
◎高崎駅　昭和37（1962）年11月
撮影：荻原二郎

前橋駅

ことば解説 利根軌道

上越線が開通する前、渋川から沼田を結んだいた軌道である。明治43（1910）年に利根軌道が創立され、明治44（1911）年渋川〜沼田間、軌間762mmの馬車軌道が開通した。会社は大正4（1915）年に利根水力電気に合併、大正10（1921）年には東京電燈に合併されている。のちの下野新聞の記事によると、開業後、馬の体調不具合が発生、えさを多くするなどの対策を講じたが改善されなかったが、専門の獣医を雇い問題が解決したという。それは途中沼田寄りが連続勾配のため馬1頭立てであったものを、2頭立てに変更、途中に馬繋所、待避を設置した。さらに私設電話を設けるなどして定時運行にも努めたところ利用者も増加、運輸成績が上がったという。しかし馬のエサである大麦の価格が高騰その他経費もかかるため、大正6（1917）年600Vで電化、電気機関車のけん引に変更した。大正13（1924）年に上越線の渋川〜沼田が開通し、大正15（1926）年に廃止された。

ことば解説 吾妻軌道

国鉄長野原線（現在、JR吾妻線）が開通するかなり前、渋川〜中之条間を結んでいた軌道線。もとは吾妻温泉馬車軌道として明治45（1912）年7月22日に創立され、同年、渋川の2.7km北の鯉澤から中之条町を軌間762mmで結んだ。渋川〜鯉沢は前年に利根軌道が開業しており、開業間もなくこの区間に乗り入れ渋川〜中之条が結ばれた。臨時便を含め1日11往復、所要時間は下り2時間50分、上り2時間30分だった。大正2（1913）年会社名を吾妻軌道に改称、大正9（1920）年に550Vで電化、所要時間を1時間40分に短縮した。会社は大正3（1914）年群馬電力に昭和3（1928）年に東京電燈に合併されている。バスが台頭してきた昭和8（1933）年に休止、翌年廃止された。国鉄長野原線渋川〜中之条〜長野原が開通するのは終戦の年昭和20（1945）年1月2日であった。

前橋への鉄道は日本鉄道が高崎から線路を伸ばして明治17（1884）年に仮駅が開業した。仮駅は前橋の市街の利根川の西側対岸であった。一方、小山からの両毛鉄道が今の前橋駅に到達開業したのは明治22（1889）年11月で、12月に利根川の橋梁が完成して高崎からの日本鉄道が乗り入れ、仮駅を廃止した。明治27（1894）年、駅前には渋川方向から伸びてきた軌間762mmの上毛馬車鉄道が開業、明治39（1906）年前橋馬車鉄道に改称、明治43（1910）年1067mm改軌、電化し、またしても社名変更、前橋電気軌道になった。大正に入ると伊香保への直通運転も行われた。戦後は東武鉄道が引き継いでいたが昭和28（1953）年に廃止した。写真の駅舎は昭和2（1927）年に造られた洋風のいいデザインだが木造である。両毛線の昭和61（1986）年の高架化開業に伴い解体された。
◎前橋駅　昭和46（1971）年7月　撮影：荻原二郎

高崎駅を南の方向からの空撮である。左手妙義山をはじめ、遠くの雪山まで見え空気の澄んでいる時の撮影である。駅の先は右手には機関区の扇形庫が手前右手の高崎客車区は気動車も写っている。高崎駅手前0番線から上信電鉄が発着、ホーム横には車庫の留置車両が写っている。写真からは高崎の町の中心街は駅の西側、写真の左側であった。駅前から出ていた東武の軌道線は昭和28（1953）年に廃止になっていてこの時点ではバスだけが写っている。
◎昭和35（1960）年
撮影：朝日新聞社

東武鉄道 日光軌道線

かつて東武電車で日光に着くと駅前に小さな路面電車が停まっていた。電車は2両連結で、単車の電動車が幌馬車のようなボギーの客車を牽いていた。東照宮の方から戻ってきた電車はそのまま国鉄の日光駅まで行き、そこからループ線を回って東武電車の日光駅前に着いた。たいそう昔の話でもちろんカメラもなかった。この電車に乗って日光の街中を通り、終点の馬返でケーブルカーに乗り、その先、バスに乗り換えて華厳の滝に行ったおぼろげな記憶がある。

その次に日光に行ったのは国鉄キハ44800（キハ55）形の試乗会のついでで、すでに電車は100形ボギー車に代わっていた。横浜市電の1500形のコピーのような電車だったが、新しい「いろは坂」も完成して、観光客の多くがバスに移動し始めたころだった。日光電気軌道は日光という観光地の交通手段と、現在の古河電気工業になる古河鉱業の日光電気清滝精銅所の輸送を担う目的で、当時の日光町が古河鉱業と共同で、日光電気軌道を設立して明治43（1910）年に開業した。開業時、電動客車3両、電動貨車2両、客車と貨車が併せて9両の計14両を所有していたという。

山道を行く珍しい路面電車で、沿線の標高は起点の国鉄駅前の海抜が533m、終点の馬返が838mで、日本一高いところを走る路面電車だった。軌道は至る所に急勾配があり、最急勾配は60‰、50‰以上の箇所も多数存在した。昭和7（1932）年に東武鉄道傍系の日光登山鉄道によるケーブルカー（のちの東武日光鋼索鉄道線）が終点の馬返から明智平まで開通、華厳滝中禅寺湖への観光客を運んでいた。翌年には明智平から展望台への同社のロープウェイが開通し展望台への観光客を運んでいた。

東武鉄道は日光へ進出した昭和3（1928）年、日光電気軌道の株を取得して東武鉄道の傘下とした。戦時中に清滝精銅所の軍需輸送や通勤輸送が繁忙を極めた時、輸送力を強化するために中古の電車や客車を導入し、さらに国鉄から電気機関車を借り入れて軌道改良の上で国鉄からの貨車が直通運転できる様になり飛躍的に輸送効率を向上させた。しかし、戦中戦後の酷使によって車両の荒廃化が進み、昭和28（1953）年、新車の100形ボギー車が10両、翌年には大型の連接車200形が6編成就

役して車両は一新された。国鉄から600V用だったことから入線していたアプト式電気機関車ED40形をかなり無理して使っていたが、ここにも新鋭機関車を導入した。このように車両を一新し、古河電工工場への通勤客や戦後の観光ブームで輸送量はピークを記録、貨物輸送も増加して戦後の黄金期を迎える。

余り知られていないのが清滝精銅所の構内用車両である。馬返に向かう車窓から小さな凸電やL字型貨物電車を垣間見たことがあったが、東武鉄道OBの花上嘉成氏から提供された写真の中に日本鉄道自動車が作ったED25形に似た凸形電機（東洋電機製とのこと）までいたのにびっくりした。しかし、やがて自動車時代の到来で道路が整備され自動車の交通量が増加する。

さらに第一・第二いろは坂の開通により自家用車、バスが中禅寺方面へ直通可能（軌道線経由の場合、馬返・明智平の2箇所で乗り換えが必要）になり、古河関連の貨物輸送がトラックに切り替えられ、旅客、貨物ともに輸送実績が激減し収支が悪化し、電車の存在意義が薄れる結果となった。さらに日光市内で交通渋滞の原因とまで言われるようになった。地元からの撤去要請も起こり、昭和43（1968）年2月24日限りで全線を営業廃止した。

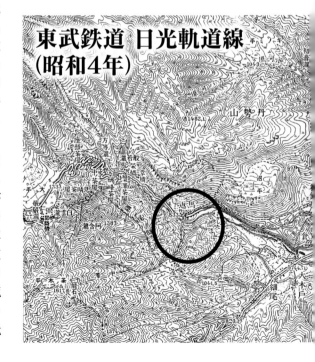

東武鉄道 日光軌道線
（昭和4年）

【テ10形（11）】
修学旅行の学生を乗せてMT編成が行く。後ろのボギー車は昭和4（1929）年汽車會社製ハ57号。
◎丹勢下　昭和29（1954）年
撮影：岡準二（花上嘉成所蔵）

【100形（109）】
昭和28（1953）年地元の宇都宮車両で生まれた。当時斬新なスタイルで有名だった横浜市電1500形そっくりの車両で10両が作られ、これまでの単車がボギー車を牽く日光市内線の風景を一掃した。廃止が目前に迫った日、車庫前には100形、200形が行き違いの電車を待っていた。
◎電車庫前
昭和43（1968）年3月
撮影：田尻弘行

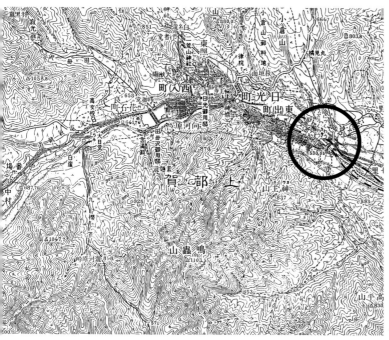

日光電気軌道は右手の省線日光駅、東武日光駅から日光の市街地を抜け馬返（うまがえし）までの路線。東武日光線下今市〜東武日光が開通したのは昭和4（1929）年10月1日である。この地図をよく見ると省線日光駅の下を東武鉄道が通り東武日光駅に着くようになっているが間違えと思われる。線路は神橋と並んで大谷川を越えるがこの時点では道路併用橋であった。地図中央には右から日光電気軌道の文字がありその左手（西側）は清滝で精銅所の文字が見える。銅鉱石は足尾からここまで索道で運ばれていたが地図上でも精銅所からの実線がある。銅鉱石はここで精銅され日光電気軌道で運ばれた。終点の馬返から明智平への日光登山鉄道（ケーブルカー）が開通したのは昭和7（1932）年で昭和4年の地図には載っていない。終点馬返は道路の北側であったが、ケーブルカーの開通の際、南側に移り同じ屋根下で乗り換えができるようになっていた。
◎陸軍陸地測量部地形図

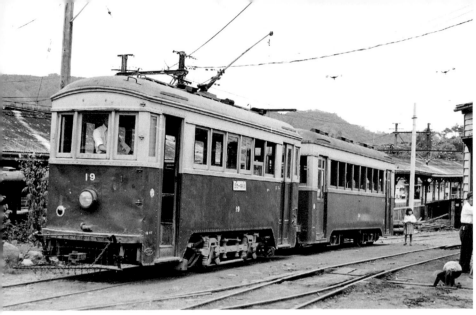

【テ10形（19）】
昭和4（1929）年、東武日光線の開通に合わせ半鋼製二軸単車10〜19の10両が日本車輌で製作された。東武日光線から送り込まれる乗客のため、異常に自分より大きなボギーのトレーラーをけん引していた。
◎東武駅前
昭和30（1955）年
撮影：青木栄一

【事業用に残ったテ12】
日光軌道線は100形200形に置き換わったのちも、かつて主力であったテ10形10両の中でテ12が残り、事業用として茶色に塗られ除雪などに使用された。
◎電車庫
昭和43（1968）年2月
撮影：高井薫平

【市内を走るテ10形（19）】
100形が入るまで日光軌道線の電車は、単車がボギーのトレーラーを牽くのが一般的な光景であった。トレーラーの近代化が始まっていた。
◎日光市内
昭和26（1951）年4月
撮影：三竿喜正

【日光の杉並木を行く200形】
100形登場の翌年、昭和29（1954）年に増備された200形6両は100形を大型化した連接車になった。定員150名になり、車掌が2名乗務していた。
◎東武駅前〜国鉄駅前
昭和30（1955）年1月
撮影：竹中泰彦

【馬返に近づく200形（204）】日光駅前から300m余りの高さを稼いできた電車も、馬返〜明智平間を結ぶケーブルカーに引き継ぐ。このケーブルカーも「いろは坂」の全面開通により、日光電車と運命をともにした。
◎横手〜馬返　昭和43（1968）年2月　撮影：井口悦男

【100形（107）】
日光駅前はループ線になっていて、東照宮の方から坂を下ってきた電車は直進して国鉄日光駅に至り、さらに東武日光駅前で乗客を乗せて馬返しに向かう。写真は馬返し行きの後追い写真。
◎東武駅前
昭和30（1955）年4月
撮影：矢崎康雄

【荒沢鉄橋を行く200形】
◎電車庫前～安良沢
昭和33（1958）年3月
撮影：上野巖

【200形（206）】
第2いろは坂完成ですっかり乗客の減ってしまった。輸送力対応で新造した連接車は転用先もなく展示物として、東武博物館に残るのみだ。
◎横手～馬返
昭和40（1965）年10月
撮影：今井啓輔

【100形(107)】◎電車庫前〜安良沢　昭和40(1965)年3月　撮影：矢崎康雄

【馬返近く】この月の7日に第2いろは坂が開通しており、電車の廃止も時間の問題になった頃。ガラガラの国道の脇を200形連接車がやってきた。◎横手～馬返　昭和40（1965）年10月　撮影：今井啓輔

【ト90号フラットカー】何を運んだかわからない車両、立派な手ブレーキが付いており、連結器の形から見ると、電動貨車がけん引して、清滝の古河鉱業に大型貨物を運んだ車両らしい。◎電車庫前　昭和40（1965）年8月　撮影：矢崎康雄

【デト41】珍しい片運転台式の電動貨車、清滝にあった古河鉱業への貨物輸送用で、日光駅の配線がループになっていたので、運転台は片側でよかった。古河の工場内にも似たような電動貨車がいた。◎神橋　昭和33（1958）年3月　撮影：上野巖

【ED610形（611）】荒沢鉄橋を渡る。◎電車庫前〜安良沢　昭和33（1958）年3月　撮影：上野巖

【ED610形（611）】
昭和30（1955）年に東洋工機で生まれた。東洋工機は戦後あちこちの私鉄に多くの中型機関車を提供した東洋電機系のメーカーで、デッキ付き、張り上げ屋根のスタイルは東洋工機タイプというべき車両を各地に登場させている。このED611は東洋工機製の中では小型に属するが、主電動機はかつて国鉄で試作したキハニ36450形のものを転用したという話を聞いた。
◎東武日光
昭和40（1965）年3月
撮影：矢崎康雄

【ED602】
国鉄碓氷峠からやってきた元アプト式機関車、運転台は片側しかない。
◎日光　昭和30（1955）年10月
撮影：竹中泰彦

【ED600形（601,602）】
信越本線の碓氷峠のアプト区間で使用していたED40形アプト式機関車（ED406,4010）を古河鉱業の清滝精練所に直行する国鉄貨車を牽引するため国鉄から貸与された。架線電圧600Vという理由で国鉄手持ちの制式機関車で唯一の600V用機関車だったこの機関車が割り当てられたと思うが、受け入れた現場はさぞかし驚いたことであろう。アプト式機関車には運転台が片側にしかなく、反対側には小さな腰掛が台枠についており、そこに前方監視員が乗車して前方監視を行っていた。
◎東武日光
昭和30（1955）年10月
撮影：高井薫平

【古河鉱業 NO1】
清滝の古河鉱業の工場には、日光軌道線の車両によく似た電動貨車が2両いた。この車両は工場内の資材運搬用に使用された。
◎工場内
昭和30(1955)年
撮影：荒井文治

【古河鉱業所所属の謎の凸電】
ED 3を名乗る、日本鉄道自動車製凸型電気機関車。沖田祐作氏の「機関車表」にも「東洋」とあるだけだ。Zパンタを載せているが、清滝までの道中はぜい弱な路面軌道であり、運び込まれる貨車の数も知れていたはず。ほかにもB凸電や電動貨車を塀の外から見た遠い記憶がある。
◎清滝精銅所
昭和42(1967)年3月
撮影：花上嘉成

【塀の外から撮った
　小型凸型電気機関車】
構内の入れ換えに使用されていた小型電気機関車。事業所の中に入ることもできずに詳細は不明だが、ほかにL字型の電動貨車もいて構内配線の規模は興味深いことだった。
◎古河アルミ工場
昭和43(1968)年2月
撮影：花上嘉成

日光市
（昭和29年）

日光駅周辺を東側から空撮。右側には中禅寺湖から流れ出る大谷川の川原が大きく写っている。左下、南東方向から右上へ伸びている線路は国鉄日光線。東北本線や国鉄日光線は電化前で日光駅の手前にはターンテーブルも見える。東武日光線は国鉄日光線の右側に並行してやってきてその先で国鉄線を乗り越え東武日光駅に入る。線形は今でも同じ。馬返から日光駅に向かう東武日光軌道線は中央に伸びる白く見える日光の目抜き通りを通りを直進、杉並木を通り、左折して国鉄日光駅前に着き、さらに左へ国鉄日光線と並走して東武日光の駅前へ出た。電車は方向転換せずループ線を回りそのまままた馬返し進んだ。

◎昭和29（1954）年　撮影：朝日新聞社

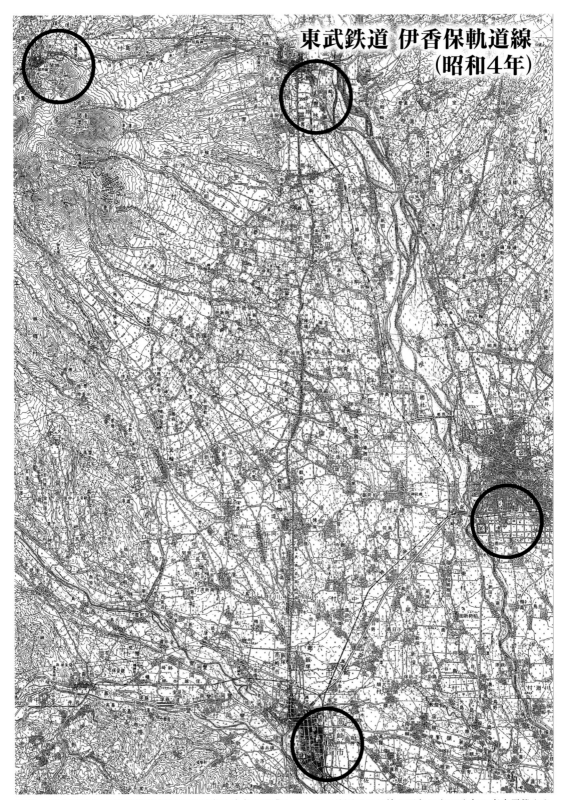

東武鉄道 伊香保軌道線
（昭和4年）

渋川～伊香保間の伊香保電気軌道は明治43（1910）年に開業した。この地図はこの線が昭和2（1927）年に東京電燈から東武鉄道伊香保線になったばかりのもの。渋川駅前から利根川を阪東橋で渡り、前橋方面への線路が前橋線である。高崎へは町中の渋川新町から、南へ線路が通じていた。上越線が高崎から渋川まで伸びたのは、大正10（1921）年、渋川から先、沼田へ伸びたのは大正13（1914）年、それ以前は高崎、前橋から軌道線で渋川に来て利根軌道に、中之条へは吾妻軌道に乗り換えた。渋川駅前に北の方から入ってくる軌道がある。これが沼田からの利根軌道、中之条からの吾妻軌道で、渋川駅付近の線路は共用だった。◎陸軍陸地測量部地形図

4章
【附】東野鉄道、西武鉄道の蒸気機関車とガソリンカー・ポール電車、江戸川河川改修工事線など

【仕業を終えて給水する2号機関車】1896年アメリカ・ボールドウイン社製の古典機関車で、すでに車齢60年が経っている。
◎黒羽　昭和29（1954）年3月　撮影：竹中泰彦

東野鉄道

西那須野から出ていた東野鉄道が消えてから何年たっただろう。この鉄道の名物、ボールドウィンの1, 2号機は元国鉄の形式200で、先従輪の形が変わっていた。後ろに連結したワムより背が低かった。機械式ディーゼルカーによる旅客列車のほか混合列車も走っていた。1, 2号機の牽くこのミキストには2軸の木造客車が連結され、車内に入ると小さなクロスシートが並んでいた。妻面に窓が付いた客車も多く、これが東野鉄道オリジナルのような気がした。

東野鉄道を初めて訪れたのはたしか昭和29（1954）年で、すでに大学に進んでいた竹中泰彦氏と大学院生だった井口悦男氏の3人で、上野から急行「青葉」に乗った。前夜から研究室で徹夜だったという院生の井口氏にお相伴して食堂車でサンドイッチを食べた記憶がある。もちろん機関車は上野から蒸気機関車の時代である。

西那須野で待っていたのは元五日市鉄道のキハ501だった。途中の大田原でボールドウィンの牽く混合列車とすれ違った。黒羽の機関庫では大歓迎を受けた。当時、蒸気機関車は4両おり、動いている2号機以外は庫の中にいたが、1号機で庫外に引き出していただくことになり、戻ってくるのを待った。

東野鉄道はかつて東北本線の西那須野駅から黒羽町（現・大田原市）の黒羽駅を経て那珂川に沿ってくだり、常陸大子方面を目指して、那須小川駅までの路線を有していたが、開通したものの利用者は少なく、延長どころか

あっさりやめてしまったらしい。だから僕にとっての東野鉄道は黒羽までの鉄道であった。昭和14（1939）年に黒羽〜那須小川間を廃止したから、僕たちが行くとうの昔の話で、すでにその痕跡はなかった。

非電化区間だから蒸気機関車が主力。気動車も小川延長の時、単端式ガソリンカーを使用している。気動車は、僕が最初の訪問の時は3両のキハ

【キハ500形(501)】
鉄道廃止も目前に迫り、20年の勤めを終える元五日市鉄道のガソリンカーが行く。
◎中田原　昭和43（1968）年12月
撮影：髙井薫平

500形がいた。そしてうち1両は五日市鉄道から の買収気動車キハ500形でキハ41000形の前頭部を キハ42000形に変えたといわれるスマートなもので あった。また、戦前から在籍した2軸のガソリン カーも残っており、ラッシュ時に増結用に使われ るとのことだった。

　月日が流れて何度目かの東野鉄道行は昭和43 (1968)年、この鉄道の最後が近づいていた秋の終 わりだった。すでにボールドウィンの1，2号機も ピッツバーグもなく、一番若い国産の1356号も川 崎の三井埠頭に旅立った後であった。そして新た に津軽鉄道の箱型ディーゼル機関車DC20形(201, 202)が入って仕業についていた。ディーゼルカー はキハ500形3両だけで、かつて時々仕業について いた単車のガソリンカーたちはみな客車化されて いた。多分朝夕の通勤時間にはDC20形の牽引する 通勤列車が走っていたはずだが、撮影の機会を逃 した。

　西那須野〜黒羽の間にはこの地の商業の中心地 である大田原があり、現在も気象情報の栃木県に おける発信局がある。東野鉄道は昭和43(1968)年 12月16日に廃止、社名を東野交通と改めバス専業 となった。その後、平成30(2018)年に関東自動車 に吸収合併されて「東野」の名は消えた。

東野鉄道の蒸気機関車

A1形1,2号 1896年、アメリカ・ボールドウィン製の車軸配置1B1形27t級タンク機関車。播但鉄道の4.5号として生まれ、播但鉄道が山陽鉄道に吸収された後、山陽鉄道1.2号となり、1917年国有後形式200 (200, 201) となったのち、1918年東野鉄道開業と同時に入線した。だから鉄道院で命名された

形式200の銘板は果たしてつけられたか疑問である、自重27トンの小さな機関車で、先従輪の台車は「ピッセル式」という珍しいものだった。1号機は、DC202の入線後も予備機として在籍し、1964年廃車になった。

【2号機の牽く下り列車】田んぼの中で列車を待っていたら突然の夕立にみまわれた。
◎昭和33（1958）年7月　撮影：上野巌

ことば解説　五日市鉄道

現在のJR東日本五日市線を建設した鉄道会社である。大正11（1922）年に設立され、大正14（1925）年4月に拝島仮駅〜五日市が開業した。5月には拝島で青梅鉄道と連絡、9月に武蔵五日市駅〜武蔵岩井駅間が開業した。開業時の車両はドイツコッペル社製の機関車2両、客車6両。貨車10両とささやかなものだった。勝峰山の石灰石の採掘が開始されると、浅野セメント川崎工場への石灰石輸送が昭和2（1927）年から始まった。当初は立川、新宿経由で浜川崎へ運ばれた。

昭和5（1930）年、五日市鉄道は拝島〜立川間を青梅鉄道とは別のルートで開業した。このルートは拝島立川をほぼ直線で結ぶ青梅線とは異なり、南

側の多摩街道に沿うもので、集落ごとに駅を設置した。さらに立川駅へは中央本線を下り側でオーバークロスして南側の南武鉄道の線につながった。青梅鉄道、省線を通さず、南武鉄道で浜川崎へ短絡できるようになった。

また旅客用には2軸のガソリンカーが新造され時間短縮、増発もなされた。昭和11（1936）年にはキハ501・502　の2両のボギー車が新造。昭和15（1940）年に南武鉄道と合併、昭和19（1944）年に国有化され、運輸通信省五日市線になった。同年、立川駅〜拝島駅間は不要不急線として休止になり戦後も復活されていない。なお国鉄による五日市線の電化は昭和36（1961）年である。

【金丸原ですれ違った蒸機】1号機の牽く西那須野行き列車。◎金丸原　昭和29（1954）年3月　撮影：竹中泰彦

【1355形（1356）】大正13（1924）年、汽車製造製の車軸配置0－6－0（C）形31トン級タンク機で相模鉄道の買収機関車。東野鉄道では国鉄時代の番号で使用されたが、予備機的な存在だった。昭和31（1956）年に三井埠頭へ譲渡。川崎港で再起した。
◎黒羽　昭和29（1954）年3月　撮影：高井薫平

【A形（2号）】キハ20の到着を待って2号機の牽く貨物列車が出発する。◎黒羽　昭和33（1958）年7月　撮影：上野巌

【A形（1号）】小さな機関車だった。後ろに連結された国鉄の貨車（ワム）との高さに注目。
◎西那須野　昭和35（1960）年8月　撮影：高井薫平

【A形（1号）】
いちばん奥で煙を吐いている2号機を使って、庫内にいた2両の古典機関車を引き出して頂いた。感激の記憶である。
◎黒羽　昭和29（1954）年3月
撮影：竹中泰彦

【C25形（C251号）】明治29（1896）年、アメリカ・ピッツバーグ製の車軸配置0−6−0（Ｃ）形25トン級タンク機関車は、元水戸鉄道になった太田鉄道の1, 2号。国有後、形式1690（1690,1691）となり、昭和16（1941）年、南部鉄道に2両が払い下げられた。南部鉄道では最初1号を名乗ったがその後、仙台鉄道局方式による形式付与基準でC251となっていた。東野鉄道には昭和22（1947）年10月入線したが、予備的存在であった。
◎黒羽　昭和29（1954）年3月
撮影：髙井薫平
（中・下とも）

【小さな転車台】かつて那須小川まで開通した時、蒸気機関車に変えてキハ1〜3という単端式の小型ガソリンカーを導入した。この車は運転台が片方だったので、終点でこの転車台に乗せて向きを変えた。
◎黒羽　昭和43（1968）年12月　撮影：髙井薫平

【記念撮影】今もよくみられる風景だが、お礼に撮った黒羽機関区の皆さんとの記念撮影。左から二人目が区長さん。
◎黒羽　昭和29（1954）年3月　撮影：竹中泰彦

【C251号機を引き出す】戻ってきた1号機関車でC251を引き出してもらった。◎黒羽　昭和29（1954）年3月　撮影：竹中泰彦

【貨物列車到着】1号機の牽く貨物列車が西那須野に到着する。形式200・201号機関車は小さな機関車だが、次位のワムと比べてもその小ささがよくわかる。◎西那須野　昭和35（1960）年8月　撮影：髙井薫平

【1号機の牽く長大編成の西那須野行き混合列車】有蓋貨車4両、木造2軸客車2両、そしてキハ501までぶら下がっていた。
◎大田原～中田原　昭和38（1963）年7月　撮影：上野巖

【キハ500形（501）】元五日市鉄道キハ501。昭和11（1936）年、2両が作られた。当時の国鉄キハ41000形にキハ42000形の頭をつなぎ合わせたような車でなかなか良いデザインだと思う。南武鉄道を経て昭和19（1944）年国鉄に買収され、昭和24（1949）年に国鉄から払い下げられた。キハ502の方は茨城交通に転じた。キハ501という記号番号は五日市鉄道のものを踏襲した。昭和25（1950）年にガソリンエンジンをディーゼルエンジンに交換、東野鉄道廃止の日まで使用された。
◎昭和43（1968）年12月　撮影：髙井薫平

【キハ500形（502）】元国鉄キハ41000形（41008）。昭和24（1949）年に国鉄から払い下げられた。当初は客車代用として使用したが、昭和25（1950）年にディーゼルエンジンを取り付け。終末の日まで使用され、路線廃止後は茨城交通に譲渡され湊線で使用された。◎黒羽　昭和29（1954）年3月　撮影：髙井薫平

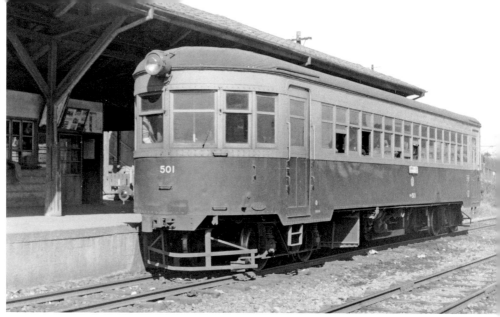

【キハ500形（501）】
この頃のキハ501は大き
な排障器をつけて一層た
くましく見えた。
◎西那須野
昭和35（1960）年8月
撮影：髙井薫平

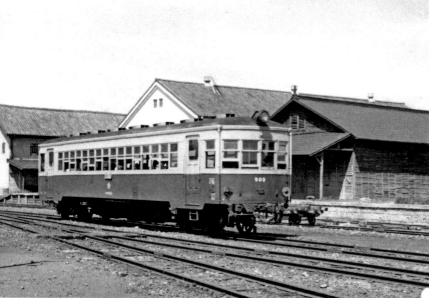

【キハ500形（503）】
最後に加わった国鉄キハ043で
ある。ドアはプレスドアに変
更され、エンジンもDMF13に
なり力持ちだったが、エンジ
ントラブルを起こして、晩年
はトレーラになっていた。
◎黒羽　昭和37（1962）年9月
撮影：伊藤英雄

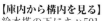
【庫内から構内を見る】
給水塔の下にキハ501、右手奥
にハ1形客車が見える。キハ
501には排障器が装着されてい
ない。
◎黒羽　昭和29（1954）年3月
撮影：竹中泰彦

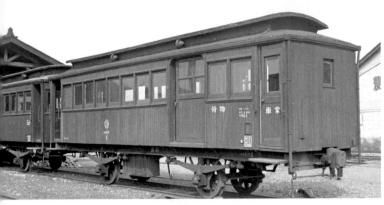

【ハニブ1形(1)】
開業と同時に投入された梅鉢鉄工所製2軸手荷物合造客車、モニタ屋根が特徴である。仲間にハ1形3両がいて東野鉄道の主力だった。
◎黒羽　昭和38(1963)年7月　撮影：江本廣一

【キハ10形(10,11)】
昭和4(1929)年、日本車輌支店製の半鋼製二軸ガソリン動車。昭和39(1964)年にエンジンを撤去し客車化(ハ33,ハ32)され路線廃止まで使用された。
◎黒羽　昭和34(1959)年10月　撮影：江本廣一

【キハ20形(20)】
東野鉄道オリジナルのスマートな2軸ガソリンカー、のちにエンジンを下ろしてハ31になった。
◎黒羽　昭和34(1949)年10月　撮影：江本廣一

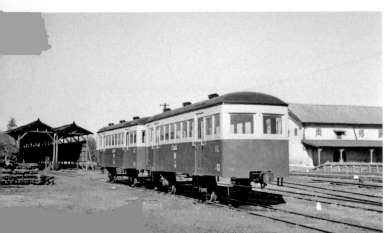

【ハ30形(32)】
元キハ11である。東野鉄道では昭和39年までに2軸のガソリンカーのエンジンを下ろして客車に改造、古い木造客車を淘汰した。
◎黒羽　昭和43(1968)年12月　撮影：髙井薫平

【ハ30形（31）】
キハ20の動力装置を撤去したもの。
◎黒羽　昭和41（1966）年12月
撮影：荻原俊夫

【ハ30形（30）】
昭和13（1938）年に常総鉄道キハ13を譲受。昭和22（1947）年に客車化してハ30となり路線廃止まで使用した。
◎黒羽　昭和41（1966）年12月
撮影：荻原俊夫

【ワブ20形（20）】
明治22（1889）年に製造された鉄張有蓋車テハワ840形。大正13（1924）年鉄道省より譲り受け、当初はワ7であったが昭和6（1931）年にワ20に改番された。ワブに記号変更した時期は不明である。写真のように混合列車のしんがりを務めたいたが、晩年は貨物輸送も減少して活躍の機会が減った。
◎黒羽　昭和43（1968）年12月
撮影：髙井薫平

【DC20形（201,202）】

老朽化したボールドウィン製の1，2号機に代わり、各地方鉄道でのディーゼル機関車導入に倣って機関車の新製も企てられたが、結局中古車両を探すことになり、たまたま津軽鉄道で余剰になっていた珍しい箱型の機関車を購入することになった。東野鉄道で昭和36（1961）年5月譲り受けたDC202の方はチョコレート色塗り替えられていたが、昭和39（1964）年12月、譲り受けたDC201の方は津軽時代の明るい灰色のまま使用された。なお、DC201の方は西武所沢工場で一般的なL形DLに改造されたが、その後の詳細は不明である。

【DC200形（201）】あとから東野入りしたDC201は車体の塗り替えも行わず、津軽鉄道時代の明るいグレイに塗られていた。
◎西那須野　昭和43（1968）年12月　撮影：髙井薫平

【DC201の牽く列車】すでに鉄道の廃止は決まっていたが、まだ国鉄からの貨車乗り入れも多く、貨物列車のスジは設定されていた。◎昭和43（1968）年12月　撮影：髙井薫平

【重連が走った】
撮影ポイントで待っていたらさっき行ったDC201がDC202と重連で貨車を牽いて現れた。あとで聞いたらDC202が故障して西那須野にいたものを黒羽の車庫まで取り込んだとのことだったが、東野鉄道の廃止まであと2週間だった。
◎西那須野〜乃木神社前
昭和43（1968）年12月
撮影：髙井薫平

西那須野の駅舎は西側だった。東野鉄道のホームは東北本線のホームに並行して東側にあったが東側には駅舎は無かった。
東野鉄道は駅業務を国鉄に委託しており、東野鉄道に乗車する乗客も国鉄の窓口で乗車券を買って入場していた。
◎西那須野駅　昭和35（1960）年4月　撮影：荻原二郎

国鉄のホーム側から見た東野鉄道のホーム。東野鉄道の列車は西那須野からは北の方向に出発し、右にカーブして東の方向
に向いて走った。◎西那須野駅　昭和41（1966）年12月　撮影：荻原俊夫

大田原駅

東野鉄道の開通以前、西那須野～大田原間は那須人車軌道（のちに那須軌道に改称）があったが、東野鉄道の大田原駅は大正7（1918）年西那須野から黒羽まで開通した際に開業した。水の乏しかった那須野が原の中では大田原は扇状地で水に恵まれた土地であった。戦国時代から江戸時代まで大田原氏の城下町でまた旧奥州街道の宿場町にもなっていたが明治元（1868）年の戊辰戦争では新政府側についたため、幕府側の会津藩に攻撃され城は焼かれてしまった。今でも大田原は栃木県北東部の中心地である。◎大田原駅　昭和43（1968）年12月　撮影：荻原俊夫

黒羽駅

黒羽駅は大正7（1918）年に開業した。大正13（1924）年にここから那珂川に沿って南下し那須小川まで開通したが昭和14（1939）年に廃止され、昭和43（1968）年の廃止までここが終点であった。
◎黒羽駅　昭和43（1968）年12月　撮影：荻原俊夫

大田原町
（昭和39年）

東野鉄道廃止4年前の大田原の町を南方向から空撮している。写真の左下から右上すなわち北東へのびる白い道路は旧奥州街道でまっすぐに城跡の下を通って蛇尾川（さびがわ）を越えて行く。東野鉄道は白線のようにも見えるが、東西に通っていて、左手が西那須野、右手が黒羽である。写真中央あたりに駅があり、黒羽方向へはすぐに大田原神社の下を隧道で抜けそのまま蛇尾川を渡って隣駅の中田原へ向かう。
◎昭和39（1964）年
撮影：朝日新聞社

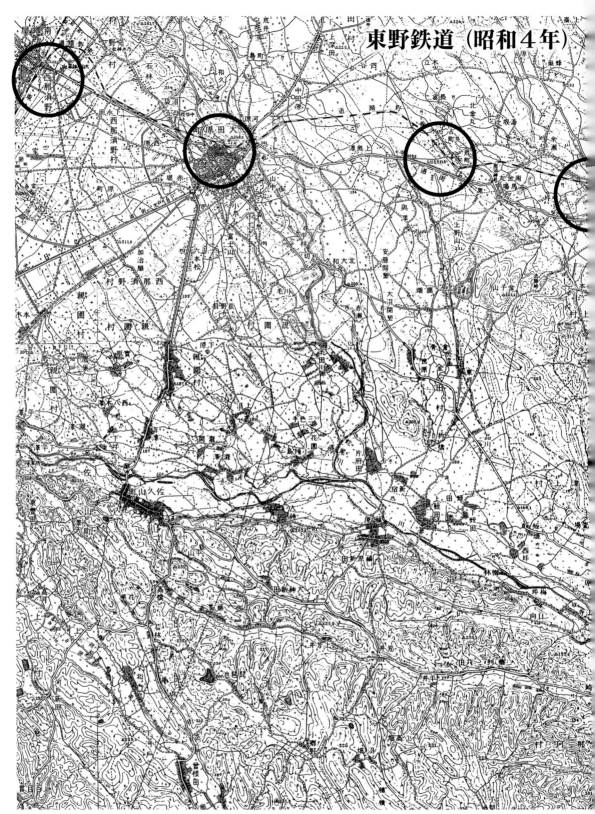

東野鉄道 (昭和4年)

東野鉄道は地図の左、西那須野を出ると東へ延びる黒羽街道と並行して大田原に進む。大田原は栃木県北部の中心地で駅は町の北側にある。そのあと線路はトンネルを抜け奥羽街道を越えて黒羽に向かう。この地図の作成された昭和3年西那須野と黒羽間に駅は大正7 (1918) 年開業当初のままで大田原と、金丸原の2駅だけである。金丸原は黒羽に向かって右手(南側)に陸軍演習場、飛行場が築かれた。特攻機も多く飛び立ち、終戦までは多くの乗降客があった。線路は大正13 (1924) 年に黒羽から南に伸び那珂川と並行して那須小川まで通じている。その先も那珂川に沿って日立大子へ伸ばす目論見だったが、昭和初期の世界恐慌もありで中止になった。この地図では少々見にくいが西那須野駅を背に黒羽街道上を大田原まで敷かれている那須軌道や西那須野駅前から北西に伸びる塩原電車の線路も載っている。

東武鉄道熊谷線（昭和42年）

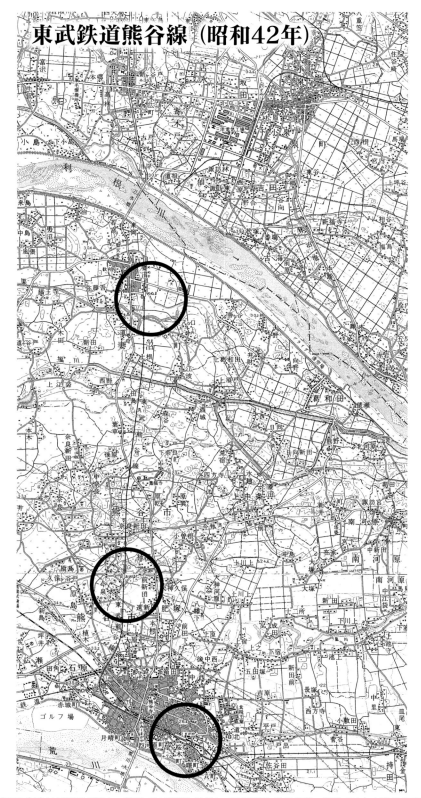

地図の下（南）には荒川が流れ、熊谷では荒川と並行して高崎線と秩父鉄道、市街では中山道が東西に貫く。熊谷は江戸時代中山道の宿場町であった。東武熊谷線は熊谷を出ると秩父鉄道と並んで上熊谷で右に別れ、高崎線を越えるとほぼまっすぐに妻沼に向かった。途中の駅は大畠だけ。妻沼は中世、女沼と書かれた時もあったらしい。妻沼のあたりに家があるのは、昔、利根川の渡船場があったためで、往来の人などでにぎわっていた。その先は利根川に鉄橋をかけ、小泉線西小泉から伸びてきている貨物線仙石河岸（せんごくかし）駅（貨物駅）につなげるようにしていたのがこの地図からもわかる。

岡本から出ていた高崎製紙専用鉄道

現在バスボディーメーカになっているところにあった工場で、ピッツバーグの1690号が健在だというので出かけた。もし健在なら、東野鉄道C251の兄弟のはずである。単線の線路に沿って歩いていくと、そのまま高崎製紙の構内に入ってしまい守衛さんに断りを入れ、幸い機関庫？は入り口に近かったので、工場内に立ち入らないということ

で撮影、すでにピッツバーグの姿はなく、通勤に使うのかマッチ箱客車と当時としては新鋭といえる汽車会社のＤＬ、それに加藤のＤＬ？がおり、数回シャッターを押して引き返した。あとで文献を調べたら片道3.5キロメートルもあり、通勤用に客車を持っていたのも納得した。

【TD2】昭和28（1953）年、汽車会社製のディーゼル機関車、のちの国鉄DD11に通じるスタイルを持っている。

【TD1】昭和23（1948）年、加藤製作所で生まれた産業用機関車。

【2軸客車】薄いダブルルーフ、車体は大改造されているが、以前はかなり由緒のあった車両であったと思うけれど、何もわからなかった。また、僕の知る限り、これ以上わからない。
◎高崎製紙岡本工場　昭和31（1956）年５月　撮影：高井薫平（３枚とも）

西武鉄道是政線（多摩川線）の蒸気機関車

　近未来的デザインの特急電車が観光客を運び、全線（多摩川線を除き）ほぼ20m、4扉車に統一された西武鉄道は半世紀前、国電風の電車に交ってかつての武蔵野鉄道や西武農業鉄道の車両が幅を利かしていた、また貨物列車も結構走っていたが牽引は東武鉄道と違って電気機関車だった。ただ多摩川、入間川の砂利採掘権を持っていたこと、東武東上線と同様に沿線にあった米軍基地への貨物の出入りもあって、これらにはタンク機関車が仕業についていた。また昭和30年代の西武鉄道には様々な電車が走り、さらに600Vの電車線、軍需工場の引き込み線から引き継いだ未電化の支線などあって、楽しい時期であった。

是政線（現・西武多摩川線）で活躍したタンク機関車

　是政線（昭和30年に多摩川線と改称）は終点の是政に砂利採り場があって、多摩川から砂利を採取し、是政線を使って搬出していた。この輸送に使われたのは当時北多摩機関区にいた3両のタンク機関車だった。確かA8タイプが2両、川越鉄道時代の生え抜きらしい。また北多磨の機関庫には、2号機というCタンク機関車がいた。日本車両の標準機関車だが、当時の僕にとって初めて見るカマで妙に感激した遠い記憶がある。当日はこれで安心したのか、沿線を歩くこともなく、国分寺に移動している。是政線の貨物輸送は昭和42（1967）年まで行われた。

【5形（5号）】バック運転の5号機の牽く砂利輸送の貨車が多摩川に下っていく。
◎北多磨～是政　昭和29（1954）年7月　撮影：竹中泰彦

【3形（3号）】
トフ1形を2両もつないだ貨物
列車を牽く3号機関車。
◎新小金井
昭和30（1955）年4月
撮影：竹中泰彦

【5形（6号）】
川越鉄道から引き継がれてきた
西武鉄道のA8である。新小金
井駅は隣駅、国鉄の武蔵境で引
き継いだ貨車滑車の列をいった
ん組成しなおす機能を持つため
構内は広めだった。
◎北多磨
昭和29（1954）年7月
撮影：竹中泰彦

【5形（5号）】
5号の牽く列車が多摩
段丘を行く。
◎北多磨～是政
昭和29（1952）年7月
撮影：竹中泰彦

【懐かしい踏切表記】
狭い踏切の「STOP」の表記は占領
下にあった英文表記の名残である。
◎北多磨　昭和29（1954）年7月
撮影：竹中泰彦

【新小金井駅に休む6号機】
国鉄中央線の連絡駅武蔵境は構
内が狭かったので、次の新小金
井駅で列車の組成や入れ換えを
行った。新小金井からは駐留軍
関連の支線もあった。
◎新小金井
昭和30（1955）年4月
撮影：竹中泰彦

【2形（2号）】
輸入機関車ばかりの西武鉄道におい
て珍しい国産機関車、もともと飯山
鉄道からの転入機で、日本ニッケル
鉄道で働き、返却後、昭和31（1956）
年兵庫県の別府鉄道に譲渡された。
◎北多磨　昭和29（1954）年7月
撮影：竹中泰彦

西武鉄道北所沢機関庫の古典機関車

　所沢の一つ川越寄りの北所沢には当時の進駐軍の空軍基地の側線があって、北所沢構内に設けられた小さな機関庫に2両のタンク機関車が所属していた。現在、北所沢という駅名は存在しない。昭和34（1959）年、新所沢駅に改称、米軍基地へのサービスもなくなっている。ここで働いていた蒸気機関車は系列の西武化学専用線（日本ニッケル鉄道→上武鉄道）に移籍し、再起している。

【3形（3号）】元国鉄形式220で一世を風靡したA8グループ（400,500,600形など）を少し寸詰まりしたような機関車。北所沢での仕事終了後、上武鉄道に移った。
◎北所沢　昭和30（1955）4月　撮影：竹中泰彦

【北所沢機関区の7形（7号）】西武鉄道では珍しいアメリカ製機関車、西武鉄道の任務が終えた後、上武鉄道に移籍、廃車後、現在は品川区の公園に保存されている幸運な機関車だ。
◎北所沢　昭和30（1955）年4月　撮影：竹中泰彦

【7号のサイドビュー7形（7号）】
国鉄形式軸配置1Cの軸配置は珍しく、大きめの動輪に合わせて、カーブしたキャブの形が独特であった。
◎北所沢
昭和30（1955）年4月
撮影：竹中泰彦

西武鉄道多摩湖線のポール電車

　JR東日本の国分寺駅には西武鉄道の支線が2系統入っている。国鉄（JR）線のホームに並んでいるのは東村山に行く路線で、川越鉄道として明治27（1894）年に久米川（仮駅で東村山の北、現在の久米川駅ではない）まで開通した川越鉄道と西武鉄道の発祥地でもある。国分寺線は戦後間もなくの電化で、戦後しばらくは蒸気機関車けん引の列車が走っていたが僕には記憶がない。ただ終点の東村山で黒っぽい客車を見た遠い記憶があるだけだ。

　もう一つ国分寺駅の少し高いところ、改札口のレベルから出ているのが多摩湖線である。こちらの方は600V区間でまだポール電車の独壇場であった。東京の水がめだった村山貯水池に向かう路線である。途中の萩山に車庫があり、デルタ線を形成していた。今は本線方向からの複線のレールが伸びて単なるY線の分岐駅で20M車、8両編成が発着しているが、かつてこのデルタ線には、モハ10,20形といった単車が配属されていた。

　萩山と本線の走る小平、それに国分寺の間はまだ600V区間で、ラジアル台車をはいたモハ20形がポールを振り上げて1km足らずの区間を往復していた。萩山のデルタ線はワンダーランドで、元・江ノ電の納涼電車の改造車だの、色々な車が投入されていたが、値打ちものだと知ったのは30年もたったのちである。国分寺と多摩湖の間は、かつて西武鉄道だった都電杉並線の車両を自社で鋼体化した好ましい小型車が、ポールを付けたMT編成で使用された多摩湖線の1500V昇圧工事は昭和36（1961）年9月に完成し、600V時代の小型車はほとんどが地方にもらわれていった。

【モハ101形（101）】僕の知る多摩湖線の電車は所沢工場で車体を作り直された好ましい小型ボギー車だった。種車には多摩湖鉄道のボギー車や都電14系統になった西武軌道時代の小型車が充当された。
◎青梅街道　昭和32（1957）年3月　撮影：髙井薫平

【クハ1121形（1121）】
小川線にいたキハ21,22という2軸のガソリンカーを車体延長して3扉にした車両。ラッシュ時の増結用として使用されたが、昇圧後電動車化されて地方に旅立った。
◎萩山
昭和34（1959）1月
撮影：田尻弘行

【クハ1101形】
自社で更新工事を行った元軌道線の車両。ポール集電のため前照灯は窓下にある軽快なスタイルに生まれ変わったものの、大きなガラスが入手難だったのか十字に桟の入ったものになっている。
◎萩山　昭和26（1951）年
撮影：園田正雄

【ポール時代のモハ101】編成はその後の姿と同じMT編成、ただポール操作のため前照灯は窓下にあった。
◎八坂　昭和29（1954）年5月　撮影：髙井薫平

【モハ51形(51)】ほかの路線と電圧の異なる600V区間だった多摩湖線は慢性的な車両不足で、あちこちから集められたポール電車で賑わっていた。この車両はかつて西武鉄道が経営していたのちの都電杉並線の車両である。
◎萩山　昭和26（1951）年　撮影：園田正雄

西武鉄道上水線（現・拝島線）のガソリンカー

これも遠い昔の話になるけれど現在の拝島線は玉川上水線といった時代、また小川から玉川上水（4.6km）までしかなかった。この区間はまだ電化されておらず、4両のガソリンカーが走るローカル線であった。しかも乗換駅である小川へのルートは川越鉄道の発祥路線である国分寺から東村山に抜ける電車が唯一の手段だった。

当時は忘れられたような路線だったが、現在の繁栄はご承知の通りで、電化されたのも昭和23（1948）年のことである。一度だけ当時終点だった玉川上水まで乗った。乗ったのはキハ20という比較的新し目の2軸のガソリンカーだった。この線は戦時中、建設された日立航空機の輸送用に作られたものだが、当時そんな知識もなく、行き止まり

の小さなホームに降り立ったのを覚えている。起点の小川には気動車専用の車庫があり、キハ20のほか国鉄から払い下げられた元佐久鉄道のボギー車が止まっていた。この2両は日立航空機の工具輸送用として手当されたものと知ったのもかなり後の話だった。

それから何十年か経ったある日、初めて西武拝島まで乗る機会があった。西武新宿から乗った電車は小平で本線から分かれ、かつて2軸のポール電車が走っていた短絡線を走り萩山へ、さらに小川までは新線だがなんとタイヤ工場の側線のようなところを抜け小川についた。玉川上水の駅も何となく通過、線路の両側には新しい街が広がっていた。

【キハ21形（21）】昭和13（1938）年日車支店製二軸ガソリンカー。是政線・上水線で使用され、昭和33（1958）年所沢工場で車体延伸しクハ1121に改造され多摩湖線で使用された。廃車後、羽後交通雄勝線デハ7となった。
◎小川　昭和29（1954）年10月　撮影：竹中泰彦

【小川駅に停車中のキハ21形(21)】小川駅の一番西側1両が停車できるような短いホームがあって、ここから2軸のガソリンカーが発着した。◎昭和29 (1954) 年10月　撮影：竹中泰彦

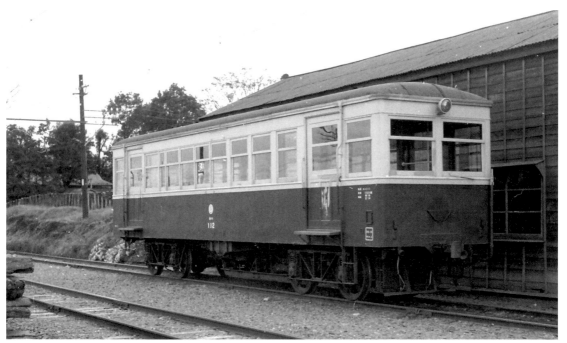

【キハ111形(112)】戦時中に玉川上水付近にできた軍需工場への従業員輸送のため、国から提供された元佐久鉄道のガソリンカーといわれるが、昭和23 (1948) 年に正式に国鉄から払い下げられたらしい。その後上水線小川〜玉川上水は昭和29 (1954)年に電化され、この車は遠く北海道拓殖鉄道へと旅立った。◎小川　昭和29 (1954) 年10月　撮影：竹中泰彦

西武鉄道山口線のおとぎ列車

現在少し古くなった新交通システムの走る西武鉄道山口線は昭和25(1950)年に開業した「おとぎ電車」という遊戯施設が前身である。軌間762mmの軽便鉄道規格で、凸型のバッテリ機関車が開放タイプのホロ製屋根のボギー客車を牽いた。昭和27(1952)年7月、西武鉄道はこれまでの遊戯施設という扱いだったおとぎ電車線を地方鉄道に転換、西武鉄道は軽便鉄道を初めて経営することになる。その後、行楽スタイルの多様化からおとぎ電車はやや観光の目玉から離れる傾向が出てきて、起死回生で打った手段は蒸気機関車の運転であった。

当時全国の軽便鉄道は廃止の危機にあり、すでに廃止されたものも少なかった。すでに鉄道を廃止していた頸城鉄道の保存機関車、井笠鉄道の保存機関車を借り入れる形で導入することに成功した。西武鉄道自身、昭和30(1955)年ごろ使い道の無くなった国鉄の建設局が持っていたらしい762mm軌間の蒸気機関車を4両ほど所有しており、いつの間にか消えてしまったが、残っていればそれはそれで楽しいことだったが後の祭り。また蒸気機関車の牽引に不釣り合いな遊園地タイプの客車に代わって井笠鉄道がまだ保有していた木造ボギー客車8両を譲り受け、蒸気機関車と組み合わせて使用、おとぎ電車は昭和47(1972)年、立派な軽便鉄道に変身した。

昭和51(1976)年、蒸気機関車の返還期間が迫り、西武鉄道が目を付けたのは台湾精糖が保存していたCタンク機関車で、正式に譲渡され昭和52(1977)年から活躍を開始、その後昭和59(1984)年山口線自体を一般交通機関として再認識したのか当時はやり始めていた新交通システムに置き換えることになって、昭和60(1985)年4月、このユニークな軽便鉄道は姿を消す。

軽便鉄道廃止後の車両の嫁ぎ先はまちまちだったが、保存車両を含め再起の道をたどる。今も現役で乗ることができるのは北海道、丸瀬布森林公園であり、井笠鉄道の塗色に戻されて元森林鉄道で活躍したSL(雨宮21号)に牽かれている。また千葉の成田ゆめ牧場に拠点を置く羅須地人鉄道協会のまきば線でも走っている。こちらの方は軌間が610mmのため改軌改造されている。頸城鉄道に返還された2号は、地元の保存グループの手で保存されており、井笠鉄道のものも現地で保存されている。

【B1形(B1)】
昭和25(1950)年西武鉄道保谷検車区で生まれた山口線第1号バッテリ機関車。もともと遊具として製作されたが、昭和27(1952)年地方鉄道に格上げされて、一人前の機関車に昇格した。
◎山口検車区　昭和45(1970)年7月
撮影：髙井薫平

【Ｂ１】おとぎ電車生え抜きの機関車で昭和53（1978）年まで現役だった。路線の短い割に機関車が多かったのは、充電時間と関係があったのかもしれない。◎西武遊園地　昭和47（1972）年11月　撮影：荻原俊夫

【SLとBL】昭和47（1972）年6月、他社からの借り入れ蒸気機関車2両と井笠鉄道から譲り受けた木造客車を使って、蒸気機関車牽引の列車が登場した。但し使用されるのは1両で、もう1列車や閑散時間帯にはバッテリー機関車（BL）が使用された。◎西武遊園地　昭和48（1973）年10月　撮影：荻原俊夫

【西武遊園地前の改札口】小さな列車が着くと切符を握りしめた子どもたちが降りてくるはずだ。自動改札機はここには似合わない。◎西武遊園地　昭和45（1970）年7月　撮影：髙井薫平

【B11形（12）】昭和26（1951）年から36（1961）年にかけて5両が製造された。11号が中島電気自動車製、あとは西武所沢工場で生まれた。◎西武遊園地　昭和45（1970）年7月　撮影：髙井薫平

【1形客車（1）】開通と同時に採用された開放的なボギー客車。台車は鉄道連隊の97式ボギー貨車のものを使用した。のちに窓ガラスを付け21形（21）になった。
◎西武遊園地　昭和45（1970）年7月　撮影：髙井薫平

【21形客車（22）】開放的な1形に代わって登場した窓付き客車で、鉄道廃止まで使用された。
◎山口検車区　昭和45（1970）年7月　撮影：髙井薫平

【機関庫】機関庫の構内にはトラバーサーが設けられていて、効率よく収容できる。
◎山口検車区　昭和45（1970）年7月　撮影：髙井薫平

【31形客車（31〜38）】
SL列車運転に合わせて、これまでの客車に代わって登場した元井笠鉄道の木造客車。西武鉄道ではオープンデッキ式に戻すなど苦労してSL列車に合わせたが、現代の保安基準など考えると許認可など大変だったと思う。
◎西武遊園地
昭和59（1984）年5月
撮影：髙井薫平

【井笠鉄道1号機「謙信号」】
山口線の活性化として計画された「SL列車」の構想実現のため、すでに現役を退いていた岡山県の井笠鉄道の1号を借り入れ、復元工事を行って使用した。約5年の使用ののち、返還され現在は井笠鉄道旧新山駅を使った井笠鉄道記念館に保存されている。
◎山口検車区
昭和52（1977）年3月
撮影：西尾恵介

【頸城鉄道2号機「信玄号」】
1号機と同様頸城鉄道の本社前に展示されていた機関車で、西武鉄道の手で現役に復帰した。その後返還され、現在くびき野レールパークに保存されている。
◎山口検車区
昭和52（1977）年3月
撮影：西尾恵介

【527号、532号機】
昭和48（1973）年、返却した頸城と井笠のコッペルのかわりに、台湾精糖公司渓湖工場から譲り受けたドイツ・コッペル製の軸配置C1、空車重量15.44トンの大きな機関車である。山口線廃止に伴い、527号機は台湾に里帰りし、532号は北海道丸瀬布のいこいの森に移ったが、大きすぎて走らせることはできず、静態保存されている。
◎ユネスコ村
昭和59（1984）年5月
撮影：髙井薫平

入間川の鉄道連隊

【E形（1号）】
まだ使用されていたころの貴重な記録。機関庫には一通りの設備もあり、保守全般をやっていた。牽引力を増すため軸数5軸の機関車だが急カーブを通すため、中3軸がロッドで連結され、第1, 5動輪はルッターメラー式という特殊な歯車装置で駆動されている。
◎安比奈
昭和28（1953）年3月
撮影：園田正雄

【E形（3号）】
このE103（3号）はE18（1号）とともに一時ユネスコ村に保存され、同園廃園後、北海道丸瀬布のいこいの村に移った。2002年にドイツフランクフルトの軽便博物館に移り、さらに10年の歳月をかけて復活工事に成功し、現在は元気に走り回っている。
◎安比奈、入間川川岸
昭和36（1961）年9月
撮影：髙井薫平

【砂に埋もれた機関車たち】
手前から3号、1号、2号。
◎安比奈
昭和36（1961）年9月
撮影：髙井薫平

【E形2号機ほか】砂に埋もれた機関車というのがぴったりの風情、このうち1両は北海道に行き、さらにドイツに里かえりして見事に復活を遂げることになる。◎安比奈　昭和36（1961）年9月　撮影：髙井薫平

【入間川の河原に転がっていた内燃機関車】この機関車を論ずる知識はないが、いつかフランクフルトの軽便博物館で見た単気筒機関車の仲間のように見える。あの時は写真1枚撮っただけ、詳しく観察もしていない。当時の同行者二人はだれもシャッターも押していなかった。◎安比奈　昭和36（1961）年9月　撮影：髙井薫平

本川越構内に鎮座した軽便機関車

【本川越の構内に置かれた軽便機関車】
本川越にはケ101,150,208,209さらにナンバープレートのない計5両の機関車がいた。ナンバープレートのない1両は宮田寛之さんによれば深川製作所で大正8(1919)年に製造された4両のうちのトップナンバーだという。これらの軽便用蒸気機関車がレールの間に足場を組んでおかれていた。ともにかつて国鉄に在籍した信濃川発電所建設工事や鉄道建設などに使用された工事用機関車だが、なぜここにいたかは今となっては知る由もない。昭和40年ごろまで得体のしれない機関車が各地で見られた時代であった。
◎本川越
昭和29(1954)年5月
撮影：竹中泰彦

【番号不詳機関車】1両だけ離れて留め置かれたこの機関車のナンバープレートは外され、正体を知ることができなかった。
◎本川越　昭和29(1954)年5月
撮影：竹中泰彦

【ケ209】こちらはサイドタンクが付いている。前方が傾斜したサイドタンクやキャブの形など、いわゆる戦時設計の色が濃い。
◎本川越
昭和29(1954)年5月
撮影：竹中泰彦

【ケ101】国鉄が計画した信濃川発電所建設に投入された小型機関車、水を入れるサイドタンクはなく、台枠の間に設けられたボトムタンク機関車。これらの製造には国鉄本線向けと異なり、比較的小さなメーカーに発注した。
◎本川越
昭和29(1954)年5月
撮影：竹中泰彦

埼玉県営の土木工事線

埼玉県と書かれた4トンクラス
の内燃機関車。
◎霞ケ関
昭和29（1954）年5月
撮影：竹中泰彦

【埼玉県営砂利東方支線のトロッコ列車】麦秋の畑を横切って軌間610mmの線路が入間川に向かう。遠くに国鉄川越線の入間
川鉄橋が見える。◎霞ケ関　昭和29（1954）年5月　撮影：竹中泰彦

江戸川改修工事現場の蒸気機関車

明治43（1910）年の洪水を契機に、利根川（本流）と利根川から分かれる中川、江戸川について大規模な治水工事が計画され、さらに昭和22（1947）年9月に到来したカスリーン台風の大被害を教訓に、利根川系の築堤工事が進められた。中でも関宿には工事事務所が置かれて大規模な築堤の盛り土工事が行われ、その土砂運搬用に多くの蒸気機関車が走り出した。

軌間は1,067mm（一部に610mmなどもあり）で、集められた機関車には新造機関車も多かったが、中には古い買収機関車やかつての内務省の千住機械工場で製造したナスミス・ウイルソンの1100系と思しきものなど、多種多様の機関車が土工用のトロッコを押したり、引いたりしていた。中心に位置する関宿は交通不便で、東武鉄道野田線の南桜井～川間に江戸川が流れており、工事現場まで川間から歩いて行くと、目の前に広大な築堤のかさ上げ工事が拡がっていた。

ここには新旧さまざまの小型蒸気機関車が煙を上げていた、トロを牽引するため、連結器はピンリンク式で、そのほとんどがCタンク機関車であった。しかし、ここにいた蒸気機関車についての記録は、臼井茂信氏や中川浩一氏が訪問された断片的な報告にとどまっている。

いま現地関宿を訪れると、見事に整備された江戸川のゆったりとした流れがあり、100余年の江戸川整備を記録した立派な資料館が完成していて、様々の資料に接することはできるけれど、土工機関車についての記録はたくさんのパネルの片隅に、わずか2枚の写真を見つけられただけであった。

【整備中のドイツ・ボルジッヒ製機関車】
◎江戸川改修工事現場　昭和30（1955）年2月
撮影：竹中泰彦

【内務省千住工場製の機関車】

国鉄形式1100もどきの機関車：イギリス、ナスミス・ウィルソン製1100系のＣタンク機関車を国産化した重量20トンの機関車である。同形は川崎造船所や楠製作所などの機関車メーカーのほか、内務省の千住工場などでも製造行われ、各地の河川改良工事現場で活躍した。◎江戸川改修工事現場　昭和30（1955）年２月　撮影：竹中泰彦

【ドイツ、ボルジッヒ製の20トン機関車】
製造は1911,2年頃である。ボルジッヒからの輸入機関車は少なく、国鉄8850形12両が有名な程度である。ただ内務省では結構な両数を輸入したようだ。横浜港湾局にあるという話を聞いて、昭和32年頃一度でかけて行った記憶があるが、機関庫というにはあまりにも小さな小屋に閉じ込められていて、その全貌を見ることができなかった記憶がある。江戸川のボルジッヒは2,3両がトロを引いて活躍していた。
◎江戸川改修工事現場
昭和30(1955)年2月　撮影：竹中泰彦

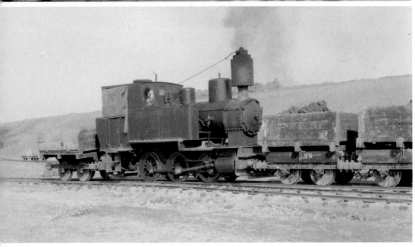

【雨宮製作所製の機関車】
かつて東北本線の蓮田から出ていた武州鉄道が1922年開業に備えて製造した3両のうちの1両、1両は宇佐参宮鉄道に転じ、その後、2両は小名浜臨港鉄道に行った。このうちの1両が関東地建に転じたもので、連結器もトロを行くためのピン式に交換されている。小名浜に残った1両はB223となった。
◎江戸川改修工事現場
昭和30(1955)年2月　撮影：竹中泰彦

【雨宮製作所製国鉄形式1345】信濃鉄道からの買収機関車で国鉄形式1345の1345号・戦後に廃車後、流山鉄道に短期間入線したのち江戸川にやってきた。◎江戸川改修工事現場　昭和30（1955）年2月　撮影：竹中泰彦

【国鉄形式1100もどきの機関車】イギリス、ナスミスウイルソン製1100形式のCタンク機関車を国産化した1両。江戸川の工事現場では、1924年に千住工場で製造された本機が、ボルジッヒや雨宮機、戦後新製のCタンク機などとともに活躍した。◎江戸川改修工事現場　昭和30（1955）年2月　撮影：竹中泰彦

【三原車輌1951年製25トン機関車】三原車輌というのは、その後の三菱重工業である。当時は中日本重工の名も銘板にあり、当時の財閥解体の影響で「三菱」の名称は使えなっかった事情もあった。国鉄の大型蒸機の製造を得意にしている。なお、本機にはタービン発電機と前灯の装備が見られる。

【立山重工業1951年製26トン機関車】一目で「立山の機関車」とわかり、国鉄のB20形を連想させるスタイルである。2両が江戸川地区に配属されていた模様。

【ボルジッヒがトロを牽いていく】機関車の後部にただ１両連結されているのは、燃料用の石炭を積んだ２軸車である。
◎江戸川改修工事現場　昭和30（1955）年２月　撮影：竹中泰彦

【26号機】立山重工製の26号機がトロを牽いていく。蒸気機関車が河川工事に活躍した最後の時代は、昭和35年を過ぎた頃だった。◎江戸川改修工事現場　昭和30（1955）年２月　撮影：竹中泰彦

【江戸川河川改修工事現場遠景】左はボルジッヒ製、右手は三原車輛製の新鋭機らしい。江戸川の河川敷とはまるで思えない、広々とした情景である。
◎江戸川改修工事現場　昭和30（1955）年2月　撮影：竹中泰彦

【木曽川の土手に置き忘れられたボルジッヒ製機関車】夏休み、母の在所に帰った折、叔父から木曽川の土手に機関車が置いてあるということを聞き、出かけて行った。見るからにドイツ風のCタンクが土手の上に置かれていた。運転台には板が打ち付けられ、中に入ることはできなかった。この日は写真を2枚ほど撮って帰る。何も調べなかったし、何を調べるかも理解できていなかった。
◎木曽川桑名付近　昭和30（1955）年8月　撮影：髙井薫平

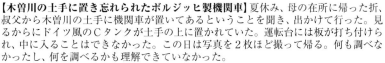

給炭所に雨宮（もとの1345号）が帰ってきた。右手遠く土手上に見えるK機関庫のような建屋にも機関車がいて蒸気が漏れている。ここで機関車の小規模な修理や整備をしていた。
◎江戸川改修工事現場　昭和30（1955）年2月　撮影：竹中泰彦

検見川で見た農林省土地改良工事の機関車

　総武線の電車の窓から望めた河川工事の現場に、たぶん2両の蒸気機関車が煙を吐いているのが見えた。そのうち工事が終わり、整備された川が現れて蒸気機関車は姿を消した。

【遠望する】土地改良、用水路建設が主目的だったようだ。工事が農林省の所管だったのは、農業用水が建設目的であるためのようだ。機関車は確か2両だけで、トロッコの数も少なかった。◎昭和29（1954）年　撮影：竹中泰彦

【工事現場①】工事現場の真ん中に線路が敷かれ、2両のCタンク機関車が走り回っていた。
◎昭和29（1954）年　撮影：竹中泰彦

【農林省25-60号】1950年、立山重工製の25トン産業用機関車。
◎検見川　昭和29（1954）年11月　撮影：竹中泰彦

【農林省27-43号】同じ立山重工製と思われるがスタイルが洗練されてきた。
◎検見川　昭和29（1954）年11月　撮影：竹中泰彦

【工事現場②】
工事の実態を今知る由もないが、背後の丘が削り取られているように見える。
◎昭和29（1954）年
撮影：竹中泰彦

【土運用のトロッコ】現場の規模に比べてトロの数が少ないように見えた。
◎検見川
昭和29（1954）年11月
撮影：竹中泰彦

東武鉄道の駅データ（日付は開業年月日）

東武鉄道 矢板線 （昭和34（1959）年7月1日廃止）

- 0.0km 新高徳 しんたかとく 大正13（1924）年3月1日
- 4.6km 西船生 にしふにゅう 昭和5（1930）年6月10日
- 7.8km 船生 ふにゅう 大正13（1924）年3月1日
- 8.3km 長峰荷扱所 ながみねにあつかいじょ 昭和5（1930）年4月1日
- 9.9km 天頂 てんちょう 大正13（1924）年3月1日
- 11.1km 芦場 よしば 昭和4（1929）年10月22日
- 14.0km 玉生 たまにゅう 昭和4（1929）年10月22日
- 17.0km 柄堀 からほり 昭和4（1929）年10月22日
- 20.5km 幸岡 こうおか 昭和4（1929）年10月22日
- 23.5km 矢板 やいた 昭和4（1929）年10月22日

東武鉄道 熊谷線 （昭和58（1983）年6月1日廃止）

- 0.0km 熊谷 くまがや 昭和18（1943）年12月5日
- 0.9km 上熊谷 かみくまがや 昭和18（1943）年12月5日
- 4.4km 大幡 おおはた 昭和18（1943）年12月5日
- 10.1km 妻沼 めぬま 昭和18（1943）年12月5日

東武鉄道 高崎線 （昭和28（1953）年7月1日廃止）

- 0.0km 高崎駅前 たかさきえきまえ 明治26（1893）年9月1日
- 0.4km 新町交番前 あらまちこうばんまえ 明治26（1893）年9月1日
- 0.6km 大手前 おおてまえ 明治26（1893）年9月1日
- 1.1km 田町三丁目 たまちさんちょうめ 不詳
- 不詳 本町三丁目 もとまちさんちょうめ 明治26（1893）年9月1日
- 1.5km 本町二丁目 もとまちにちょうめ 明治26（1893）年9月1日
- 1.6km 本町一丁目 もとまちいっちょうめ 明治26（1893）年9月1日
- 1.9km 相生町 あいおいちょう 明治26（1893）年9月1日
- 2.2km 住吉町 すみよしちょう 明治26（1893）年9月1日
- 3.0km 飯塚 いいづか 明治26（1893）年9月1日
- 3.9km 追分 おいわけ 明治26（1893）年9月1日
- 5.0km 大八木 おおやぎ 明治26（1893）年9月1日
- 6.0km 福島 ふくしま 明治26（1893）年9月1日
- 6.4km 中泉 なかいずみ 明治26（1893）年9月1日
- 7.4km 三ツ寺 みつでら 明治26（1893）年9月1日
- 不詳 棟高 むなだか 明治26（1893）年9月1日
- 8.9km 観音寺裏 かんのんじうら 不詳
- 9.7km 足門 あしかど 明治26（1893）年9月1日
- 10.3km 金古四ツ角 かねこよつかど 明治26（1893）年9月1日
- 不詳 金古 かねこ 明治26（1893）年9月1日

右上へ

左下から

- 11.7km 清里 きよさと 明治26（1893）年9月1日
- 12.5km 野良犬 のらいぬ 明治26（1893）年9月1日
- 13.0km 陣馬 じんば 大正3（1914）年3月14日
- 13.5km 北下 きたしも 大正3（1914）年3月14日
- 14.1km 田中 たなか 明治26（1893）年9月1日
- 15.1km 下野田 しものだ 明治26（1893）年9月1日
- 15.6km 北野田 きたのだ 明治26（1893）年9月1日
- 16.6km 小倉 おぐら 明治26（1893）年9月1日
- 17.6km 有馬 ありま 明治26（1893）年9月1日
- 18.6km 行幸田 みゆきだ 明治26（1893）年9月1日
- 19.3km 石原 いしはら 明治26（1893）年9月1日
- 20.5km 長塚町 ながつかちょう 明治26（1893）年9月1日
- 20.9km 渋川新町 しぶかわしんまち 大正6（1917）年3月26日

東武鉄道 前橋線 （昭和29（1954）年3月1日廃止）

- 0.0km 前橋駅前 まえばしえきまえ 明治27（1894）年7月17日
- 0.4km 商工会議所前 しょうこうかいぎしょまえ 不詳
- 1.1km 曲輪町 くるわまち 明治27（1894）年7月17日
- 1.5km 立川町入口 たてかわちょういりぐち 明治27（1894）年7月17日
- 2.0km 岩神 いわがみ 明治23（1890）年7月14日
- 2.5km 国領 こくりょう 明治27（1894）年7月17日
- 2.8km 萩町 はぎまち 昭和8（1933）年12月1日
- 3.0km 医大前 いだいまえ 明治27（1894）年7月17日
- 3.5km 鯉里橋 こいさとばし 明治23（1890）年7月14日
- 4.4km 上小出 かみこいで 明治23（1890）年7月14日
- 5.1km 大師 だいし 明治23（1890）年7月14日
- 5.7km 荒牧 あらまき 明治23（1890）年7月14日
- 6.5km 関根 せきね 明治23（1890）年7月14日
- 7.3km 法華沢橋 ほっけざわばし 明治23（1890）年7月14日
- 7.9km 田口 たぐち 明治23（1890）年7月14日
- 9.2km 橘橋 たちばなばし 明治23（1890）年7月14日
- 9.7km 下箱田 しもはこだ 明治23（1890）年7月14日
- 10.1km 坂東橋 ばんどうばし 明治23（1890）年7月14日
- 10.9km 半田 はんだ 明治24（1891）年2月15日
- 12.1km 松原 まつばら 明治24（1891）年2月15日
- 13.1km 中村 なかむら 明治24（1891）年2月15日
- 14.5km 渋川駅前 しぶかわえきまえ 大正10（1921）年7月
- 15.0km 渋川新町 しぶかわしんまち 明治24（1891）年2月15日

東武鉄道 伊香保線 （昭和31（1956）年12月29日廃止）

○ 0.0km 渋川駅前 しぶかわえきまえ　大正10（1921）年7月
○ 0.5km 渋川新町 しぶかわしんまち　明治43（1910）年10月16日
○ 0.9km 渋川四ツ角 しぶかわよつかど　明治43（1910）年10月16日
○ 1.1km 商工会議所前 しょうこうかいぎしょまえ　明治43（1910）年10月16日
○ 1.3km 川原町 かわらまち　明治43（1910）年10月16日
○ 1.6km 裏宿 うらじゅく　明治43（1910）年10月16日
○ 1.9km 元宿 もとじゅく　明治43（1910）年10月16日
○ 2.9km 八幡裏 はちまんうら　明治43（1910）年10月16日
○ 3.3km 入沢 いりさわ　明治43（1910）年10月16日
○ 4.3km 拾弐坂上 じゅうにさかうえ　大正2（1913）年11月28日
○ 5.3km 御蔭 みかげ　明治43（1910）年10月16日
○ 6.2km 折原下 おりはらした　明治43（1910）年10月16日
○ 7.3km 六本松 ろっぽんまつ　明治43（1910）年10月16日
○ 8.9km 大日向 おおひなた　明治43（1910）年10月16日
○ 9.4km 離山 はなれやま　明治43（1910）年10月16日
○ 11.0km 水沢 みずさわ　明治43（1910）年10月16日
○ 12.1km 見晴下 みはらしした　明治43（1910）年10月16日
○ 12.6km 伊香保 いかほ　明治43（1910）年10月16日

東武鉄道 日光軌道線 （昭和43（1968）年2月24日廃止）

○ 0.0km 国鉄駅前 こくてつえきまえ　明治43（1910）年8月10日
○ 0.3km 東武駅前 とうぶえきまえ　明治43（1910）年8月10日
○ 不詳 石屋町 いしやまち　明治43（1910）年8月10日
○ 1.2km 警察署前 けいさつしょまえ　明治43（1910）年8月10日
○ 不詳 市役所前 しやくしょまえ　明治43（1910）年8月10日
○ 不詳 神橋 しんきょう　明治43（1910）年8月10日
○ 2.0km 下河原 しもがわら　不詳
○ 不詳 公会堂前 こうかいどうまえ　昭和29（1954）年9月28日
○ 不詳 西参道 にしさんどう　明治43（1910）年8月10日
○ 3.1km 田母沢 たもざわ　明治43（1910）年8月10日
○ 不詳 花石町 はないしちょう　明治43（1910）年8月10日
○ 4.2km 安良沢 あらさわ　明治43（1910）年8月10日
○ 5.1km 電車庫前 でんしゃこまえ　明治43（1910）年8月10日
○ 不詳 割山 わりやま　不詳
○ 5.9km 古河アルミ前 ふるかわあるみまえ　明治43（1910）年8月10日
○ 不詳 丹勢下 たんぜした　不詳
○ 6.8km 清滝 きよたき　明治43（1910）年8月10日
○ 8.4km 横手 よこて　大正2（1913）年10月15日
○ 9.6km 馬返 うまがえし　大正2（1913）年10月15日

東武鉄道 戸奈良線 （1939（昭和14）年4月5日廃止）

○ 0.0km 田沼 たぬま　1920（大正9）年
○ 不詳 深堀分岐 あらまちこうばんまえ　明治26（1893）年9月1日
● 不詳 戸奈良（貨） となら　1939（昭和14）年4月5日廃止
● 不詳 深堀分岐　明治26（1893）年9月1日
○ 不詳 戸室（貨） とむろ　1939（昭和14）年4月5日廃止

東武鉄道 会沢線 （1997（平成9）年10月1日廃止）

○ 0.0km 葛生 くずう　1920（大正9）年8月23日
○ 0.8km 上白石（貨） かみしらいし　1928（昭和3）年7月10日
○ 1.4km 築地（貨） つきじ　1920（大正9）年8月23日
○ 2.5km 第一会沢（貨） だいいちあいざわ　1920（大正9）年8月23日
○ 3.3km 第二会沢（貨） だいにあいざわ　1925（大正14）年8月5日
○ 4.2km 第三会沢（貨） だいさんあいざわ　1920（大正9）年8月23日

東武鉄道 大吐線 （1986（昭和61）年10月21日廃止）

○ 0.0km 上白石（貨） かみしらいし　1929（昭和4）年4月1日
○ 0.6km 宮本（貨） みやもと　1929（昭和4）年4月1日
○ 1.6km 大吐（貨） おおがのう　1929（昭和4）年4月1日

東野鉄道

黒羽〜那須小川間：昭和14（1939）年6月1日廃止
西那須野〜黒羽間：昭和43（1968）年12月16日廃止

○ 0.0km 西那須野 にしなすの　大正7（1918）年4月17日
○ 1.0km 乃木神社前 のぎじんじゃまえ　昭和10（1935）年8月21日
○ 3.7km 大高前 だいこうまえ　昭和8（1933）年8月17日
○ 4.6km 大田原 おおたわら　大正7（1918）年4月17日
○ 6.3km 中田原 なかたわら　不詳
○ 9.8km 金丸原 かねまるはら　大正7（1918）年4月17日
○ 11.7km 白旗城趾前 しろはたじょうしまえ　不詳
○ 13.1km 黒羽 くろばね　大正7（1918）年4月17日
○ 不詳 狭原 せばはら　不詳
○ 16.2km 湯津上 ゆづかみ　大正13（1924）年12月6日
○ 不詳 笠石前 かさいしまえ　不詳
○ 21.3km 佐良土 さらど　大正13（1924）年12月6日
○ 24.4km 那須小川 なすおがわ　大正13（1924）年12月6日

軌道線の停留場は改廃・改称されることが多いことをご承知
おきください。停留場名は廃止直前の状況を記しました。

あとがき

　第3号では少し趣を変えて東武鉄道の蒸気機関車を中心に、東武鉄道に関係深い観光地に行く今はなきトロリーラインを揃えてみました。特に浅草の隅田川を隔てた業平橋界隈の様子などご興味を持っていただければ幸いです。

　また、東武といえば西武鉄道も忘れられない存在でした。蒸気機関車の活躍が見られたのです。西武は国鉄輸入機関車を集めて電気機関車の投入が早かったので、本線系での貨物列車の牽引はもっぱら電気機関車でしたが、あまり目立たないところで蒸気機関車が活躍していました。また現在新交通システムに切り替わった山口線は昔ナローの軽便鉄道だったので取り上げました。

　さらに同じ地域の地方私鉄である東野鉄道と蒸気機関車が見られた例として江戸川の治水工事で働く蒸気機関車を取り上げました。「土建」といわれた鉄道趣味でもかなり異端な分野ですが今となっては貴重な存在です。「土建の機関車」は全国で見られたそうですが、本シリーズではたまたま撮影が許された江戸川の治水工事をその代表としてご紹介いたしました。

　本来であれば、あれだけわれわれの目に触れていた東武鉄道の蒸気機関車の活躍、すなわち貨物列車の詳細についても、ページを割くべきなのですが、僕自身に知識が足りないこと、積極的な資料照会にも無気力であったことは認めざるを得ず、その結果、消化不良の紹介に終わりました。また江戸川の河川改修の機関車たちについては、あまりこれまで目に触れない分野で資料が少なく、機関車研究家の宮田寛之さんにアドバイスを求めることになりました。

　以上のような次第で、本全体としてはあの頃、東武鉄道に行けば古典蒸気機関車が当たり前のように貨物列車の先頭に立っていたというかつての思い出だけが前面に出る結果になりました。また全体にわたって、古い趣味の先人たちから写真を拝借できる幸運に恵まれ、できるだけ読者の皆さんにおすそ分けしたいという気持ちから、色々な貴重な写真をご紹介できたのは、この本の価値を引き上げることができると自負しております。

　次号、第4号はいよいよ第1巻「時刻表から消えた北海道の私鉄」の予定です。少しページ数を増やして編集中です。

令和3(2021)年5月　髙井薫平

参考文献

K生　日光電車ほか　ロマンスカー　別冊第1集　東京鉄道同好会　1953/08
高橋弘　電車を訪ねて第39回 東武鉄道 日光軌道線　鉄道模型趣味　67　機芸出版社　1954/03
青木栄一　私鉄車両めぐり15 東武鉄道　鉄道ピクトリアル　35~38　電気車研究会　1954/06~1954/09
K生　東武鉄道野田線　RAIL FAN　鉄道友の会　1955/08
小林茂　餉多電盛衰記　鉄道ピクトリアル　52~55　電気車研究会　1955/12~1956/02
臼井茂信　ピーコックの園に咲いた花　鉄道ピクトリアル　115　電気車研究会　1961/02
中川浩一　多彩を極めた気動車群　鉄道ピクトリアル　115　電気車研究会　1961/02
吉川文夫　東武の電気機関車　鉄道ピクトリアル　115　電気車研究会　1961/02
青木栄一・花上嘉成　東武鉄道の電車　鉄道ピクトリアル　115・118　電気車研究会　1961/02・1961/05
瀬古龍雄　東武の煙"蒸気鉄道としての足跡"　鉄道ピクトリアル　263　電気車研究会　1972/03
青木栄一　東武鉄道の蒸気機関車　鉄道ピクトリアル　263　電気車研究会　1972/03
青木栄一・花上嘉成　私鉄車両めぐり91 東武鉄道　鉄道ピクトリアル　263　電気車研究会　1972/03
花上嘉成　東武鉄道の2Bテンダ機　鉄道ピクトリアル　392　電気車研究会　1981/07
小林茂　伊香保電車盛衰　レイル　10　プレスアイゼンバーン　1983/12
東武鉄道　東武の鉄道車両90年の歩み　写真集　東武鉄道　1987/11
久保敏　東武鉄道の気動車　鉄道ピクトリアル　647　電気車研究会　1997/12
田部井康修　上州を走ったトラム 伊香保電車 田部井康修写真集　東武博物館　2008/03
東武博物館　なつかしの日光軌道線　東武博物館　2010/10
石島治久　図面資料集成 東武鉄道の蒸気機関車　エイアールディ　2012/10
澤内一晃　東洋型箱型電機の研究　鉄道ピクトリアル　899　電気車研究会　2015/01
瀬古龍雄　東野鉄道探訪　ロマンスカー　15,16　東京鉄道同好会　1951/08
久保敏　東野鉄道　急電　60　京都鉄道趣味同好会　1957/06
白土貞夫　東野鉄道を訪ねて　RAIL FAN　94　鉄道友の会　1960/11
益井茂夫　東野鉄道　鉄道ピクトリアル　128　電気車研究会　1960/12
白土貞夫　東野鉄道車両拾遺　RAIL FAN　182　鉄道友の会　1969/02
湯口徹　からっ風にタイホーンが聴こえる　レイル　20　プレスアイゼンバーン　1986/12
和久田康雄　東野鉄道を訪ねた日　鉄道ピクトリアル　620　電気車研究会　1996/04
髙井薫平　東野物語-東野鉄道51年の軌跡　RM library　13　ネコ・パブリッシング　2000/08
益井茂夫　多摩湖鉄道とその車両　鉄道ピクトリアル　81　電気車研究会　1958/04
益井茂夫　私鉄車両めぐり39 西武鉄道　鉄道ピクトリアル　109　電気車研究会　1960/08
吉川文夫　全国で働く元西武鉄道の車両　鉄道ピクトリアル　230　電気車研究会　1969/11
加藤新一・今城光英・酒井英夫　私鉄車両めぐり80 西武鉄道2　鉄道ピクトリアル　231・233　電気車研究会　1969/12・1970/01
田中秀夫・中川浩一　西武鉄道の蒸気機関車　鉄道ピクトリアル　234　電気車研究会　1970/02
宮田雄作　西武鉄道是政線を訪ねた日　RAIL FAN　290　鉄道友の会　1978/01
川島令三・坂正博・結解喜幸　私鉄車両編成表 都市私鉄編　ジェー・アール・アール　1979/01
慶應義塾大学鉄道研究会　私鉄電車のアルバム　別冊　交友社　1982/01
結解喜幸・坂正博・今田保　私鉄車両編成表 85年版　ジェー・アール・アール　1985/08
金田茂裕　O&Kの機関車　機関車史研究会　1987/01
西尾恵介　所沢車輌工場ものがたり 下　RM library　31　ネコ・パブリッシング　2002/02
中川浩一　昭和20年代半ばの多摩湖線　鉄道ピクトリアル　716　電気車研究会　2002/04
益井茂夫　西武鉄道旧軌道線の車両　鉄道ピクトリアル　716　電気車研究会　2002/04
髙井薫平　日本ニッケル鉄道　RM library　41　ネコ・パブリッシング　2002/12
　　　　写真で見る西武鉄道100年　ネコ・パブリッシング　2013/07
臼井茂信　機関車の系譜図1　交友社　1972/09
臼井茂信　機関車の系譜図2　交友社　1973/04
臼井茂信　機関車の系譜図3　交友社　1976/12
湯口徹　内燃機動車発達史 上　ネコ・パブリッシング　2005/01
湯口徹　内燃機動車発達史 下　ネコ・パブリッシング　2005/08
和久田康雄　私鉄史研究資料　電気車研究会　2014/04
沖田祐作　機関車表 フル・コンプリート版　ネコ・パブリッシング　2014/02
東武鉄道　車輌竣功図　東武鉄道
西武鉄道　車輌竣功図　西武鉄道

諸元表
（作成：亀井秀夫）

諸元表注記

車体寸法：単位mm 小数点以下四捨五入　長さ：連結面寸法・最大幅：入口ステップを含む・最大高：集電装置ある車は
　　　　その折り畳み高さ

自重：単位 ton 小数点以下1位に四捨五入・機関車は運転整備重量とする。

定員：例 80（30）総定員80名内座席定員30名

台車：製造所略称・形式 形式名称のないものは台枠構造等を表示、TR形式は国鉄型台車を表す　／軸距：単位mm 小数点
　　　　以下四捨五入

制御器：製造所略称・形式名のないものは接触器種類・制御方式を表す。

主電動機：製造所略称・出力kw×個数 小数点以下1位に四捨五入

車両履歴：年号　M 明治　T 大正　S 昭和　H 平成　／R 令和

製造所略称：製造所略称（Baldwin）Baldwin Locomotive Works、（Bayer Peacock）Beyer, Peacock and Company、
　　　　（Brill）J. G. Brill and Company、（Dubs）Dübs and Company、
　　　　（Nasmyth Wilson）Nasmyth, Wilson & Co., Ltd.、（Neilson）Neilson and Company
　　　　（Orenstein & Koppel）Orenstein & Koppel OHG、（Pittsburgh）Pittsburgh Locomotive and Car Works、
　　　　（Sharp Stewart）Sharp, Stewart and Company、（Waukesha）Waukesha Engine
　　　　（内田鉄工）内田鉄工所、（梅鉢工場・梅鉢鉄工）梅鉢鐵工所、（枝光鉄工）枝光鐵工所、
　　　　（大宮工場）鉄道院大宮工場、（関東車輛）関東車輛電気、（汽車大阪）汽車製造大阪本店、
　　　　（汽車支店）汽車製造東京支店、（西武保谷）西武鉄道保谷検車区、（高崎水電）高崎水力電気、
　　　　（東急車輛）東急車輛製造、（中村自）中村電気自動車、（新潟鉄工）新潟鐵工所、（日車支店）日本車両製造東京、
　　　　（日車本店）日本車両製造名古屋、（東洋電機）東洋電機製造、（日鉄自）日本鉄道自動車工業、
　　　　（日立）日立製作所、（日野）日野自動車工業

前所有：（高崎水力）高崎水力電気、（伊香保）伊香保電気軌道、（前橋電気）前橋電気軌道、
　　　　（江ノ島）江ノ島電気鉄道、（京王電軌）京王電気軌道

諸元表各項は極力廃車時のデータの採用に努めたが、不明な場合は新製時のデータ等を記載するか空白とする。
本諸元表作成にあたり、澤内一晃・高橋滋・西尾恵介・花井正弘・花上嘉成の各氏にご協力をいただいたことを感謝申し上げる。

東武鉄道諸元表（蒸気機関車） 本諸元表は昭和30（1955）年から昭和41（1966）年に在籍した車両を対象とする。

形　式	番　号	軸配置	気筒径×行程 mm	実用最高気圧 kg/cm²	運転整備重量 ton	最大長 mm	最大幅 mm	最大高 mm	動輪直径 mm
B1	5	2BT	406×559	10.55	32.61	14,217	2,308	3,658	1,397
B1	6	2BT	406×559	10.55	32.61	14,217	2,308	3,658	1,397
B1	7Ⅲ	2BT	406×559	10.55	34.07	14,217	2,308	3,658	1,397
B1	8Ⅲ	2BT	406×559	10.55	34.07	14,217	2,308	3,658	1,397
D1	22	2BT	381×559	12.66	36.78	14,642	2,042	3,747	1,524
D1	25	2BT	381×559	12.66	36.78	14,642	2,042	3,747	1,524
A2	26Ⅱ	C1	406×610	11.25	46.36	10,498	2,438	3,658	1,273
B2	27	2BT	381×559	12.66	31.57	13,938	2,134	3,658	1,397
B2	28	2BT	381×559	12.66	31.57	13,938	2,134	3,658	1,397
B3	29	2BT	406×559	11.25	35.61	14,472	2,572	3,810	1,524
B3	30	2BT	406×559	11.25	35.61	14,472	2,572	3,810	1,524
B3	31	2BT	406×559	11.25	35.61	14,472	2,572	3,810	1,524
B3	32	2BT	406×559	11.25	35.61	14,472	2,572	3,810	1,524
B3	33	2BT	406×559	11.25	35.61	14,472	2,572	3,810	1,524
B3	34	2BT	406×559	11.25	35.61	14,472	2,572	3,810	1,524
B4	35	2BT	406×559	10.55	35.03	14,230	2,299	3,670	1,400
B4	36	2BT	406×559	10.55	35.03	14,230	2,299	3,670	1,400
B4	37	2BT	406×559	10.55	35.03	14,230	2,299	3,670	1,400
B4	38	2BT	381×559	11.95	35.03	14,230	2,299	3,670	1,400
B4	39	2BT	406×559	10.55	35.03	14,230	2,299	3,670	1,400
B4	40	2BT	406×559	10.55	35.03	14,230	2,299	3,670	1,400
B5	41Ⅱ	2BT	381×610	12.30	32.52	14,376	2,286	3,810	1,524
B5	42Ⅱ	2BT	406×610	11.25	32.52	14,376	2,286	3,810	1,524
B5	43Ⅱ	2BT	381×610	12.30	32.52	14,376	2,286	3,810	1,524
B5	44	2BT	406×610	11.25	32.52	14,376	2,286	3,810	1,524
B5	45	2BT	381×610	12.30	32.52	14,376	2,286	3,810	1,524
B5	46	2BT	406×610	11.25	32.52	14,376	2,286	3,810	1,524
B5	47	2BT	406×610	11.25	32.52	14,376	2,286	3,810	1,524
B5	48	2BT	381×610	12.30	32.52	14,376	2,286	3,810	1,524
B5	49	2BT	381×610	12.30	32.52	14,376	2,286	3,810	1,524
B5	50	2BT	406×610	11.25	32.52	14,376	2,286	3,810	1,524
B1	54	2BT	381×559	12.30	34.58	14,229	2,286	3,670	1,397
B1	55	2BT	381×559	12.30	34.58	14,229	2,286	3,670	1,397
B1	56	2BT	381×559	12.30	34.58	14,229	2,286	3,670	1,397
B1	58Ⅱ	2BT	406×559	12.00	31.75	14,103	2,286	3,672	1,400
B1	59	2BT	406×559	12.30	34.16	14,229	2,286	3,670	1,397
B6	60	2BT	381×610	12.30	34.14	14,250	2,286	3,808	1,520
B6	61	2BT	381×610	12.30	34.14	14,250	2,286	3,808	1,520
B6	62	2BT	381×610	12.30	34.14	14,250	2,286	3,808	1,520
B6	63	2BT	381×610	12.30	34.14	14,250	2,286	3,808	1,520
B6	64	2BT	381×610	12.30	34.14	14,250	2,286	3,808	1,520
C11	C112	1C2	450×610	14.00	66.05	12,650	2,740	3,900	1,520

製造所	車両履歴					備考
	製造年月	使用開始年	前所有	旧番号	廃車年月	
Beyer Peacock	M31.--	M31.--			S40.10	⇒館林観光文福ヘルスセンター 5 保存 (S40.--) ⇒東武博物館 5 保存 (H01.05) →現存
Beyer Peacock	M31.--	M31.--			S40.10	⇒むさしの村 6 保存⇒東武鉄道春日部研修所 6 保管 (S47.12) →東武動物公園 6 保存 (S56.03) ⇒東武博物館 6 保存 (H01.05) →現存
Beyer Peacock	M40.--	M41.--			S41.03	→14→7 改番 (S04.--) →
Beyer Peacock	M40.--	M41.--			S38.11	→15→8 改番 (S04.--) →
Baldwin	T01.11	T02.--			S32.08	
Baldwin	T01.11	T02.--			S33.03	
Dübs	M24.--	T14.--	鉄道省	2106	S34.01	鉄道庁 166⇒日本鉄道 166 譲受 (M25.04) →60 改番 (M27.01) →鉄道作業局 60 借入 (M29.03) →陸軍 60 徴用中国⇒買収 鉄道作業局 60 (M39.11) →2106 改番 (M42.10) →廃 (S01.--) ⇒東武鉄道 26 譲受認可 (S03.10) →
Beyer Peacock	M15.--	T03.--	鉄道院	5312	S31.03	鉄道庁 33⇒日本鉄道 33 譲受 (M25.04) → 3 改番 (M27.01) →1 番 (M30.--) ⇒買収 鉄道作業局 1 (M39.11) →5312 改番 (M42.10) →廃車 (T03.02) ⇒東武鉄道 27 譲受認可 (T03.10) →
Beyer Peacock	M15.--	T03.--	鉄道院	5313	S31.03	鉄道庁 31⇒日本鉄道 31 譲受 (M25.04) → 2 改番 (M27.01) ⇒買収 鉄道作業局 2 (M39.11) → 5313 改番 (M42.10) →廃車 (T03.02) ⇒東武鉄道 28 譲受認可 (T03.04) →
Beyer Peacock	T04.--	T05.--			S35.09	
Beyer Peacock	T04.--	T05.--			S41.07	⇒喜多山公園 30 保存(S41.11) →現存
Beyer Peacock	T04.--	T05.--			S41.07	
Beyer Peacock	T04.--	T04.--			S38.02	
Beyer Peacock	T04.--	T04.--			S35.09	
Beyer Peacock	T04.--	T04.--			S41.07	⇒萩中児童交通公園 34 保存 (S34.--) →現存
Sharp Sttewart	M31.--	T11.--	鉄道省	5650	S34.01	日本鉄道 207⇒買収 鉄道作業局 207 (M39.11) →鉄道院 5650 改番 (M42.10) →鉄道省 5650 廃車 (T11.02) ⇒東武鉄道 35 譲受認可 (T11.02) →
Sharp Sttewart	M31.--	T11.--	鉄道省	5651	S37.02	日本鉄道 208⇒買収 鉄道作業局 208 (M39.11) →鉄道院 5651 改番 (M42.10) →鉄道省 5651 廃車 (T11.02) ⇒東武鉄道 36 譲受認可 (T11.02) →
Sharp Sttewart	M31.--	T11.--	鉄道省	5652	S40.07	日本鉄道 209⇒買収 鉄道作業局 209 (M39.11) →鉄道院 5652 改番 (M42.10) →鉄道省 5652 廃車 (T11.02) ⇒東武鉄道 37 譲受認可 (T11.02) →廃車 (S40.07) ⇒立教高校 37 保存 (S41.09) →個人所有
Sharp Sttewart	M31.--	T11.--	鉄道省	5653	S34.05	日本鉄道 210⇒買収 鉄道作業局 210 (M39.11) →鉄道院 5653 改番 (M42.10) →鉄道省 5653 廃車 (T11.02) ⇒東武鉄道 38 譲受認可 (T11.02) →
Sharp Sttewart	M31.--	T11.--	鉄道省	5654	S41.07	日本鉄道 211⇒買収 鉄道作業局 211 (M39.11) →鉄道院 5654 改番 (M42.10) →鉄道省 5654 廃車 (T11.02) ⇒東武鉄道 39 譲受認可 (T11.02) →東京交通短期大学交通資料館 39 保存 (S47.09) ⇒鉄道貨物博物館 39 保存 (H14.02) →現存
Sharp Sttewart	M31.--	T11.--	鉄道省	5655	S41.07	日本鉄道 212⇒買収 鉄道作業局 212 (M39.11) →鉄道院 5655 改番 (M42.10) →鉄道省 5655 廃車 (T11.02) ⇒東武鉄道 40 譲受認可 (T11.02) →廃車 (S41.07) ⇒宮代コミュニティー広場 40 保存 (H06.--) →現存
Neilson	M33.--	T12.--	鉄道省	6245	S34.05	鉄道作業局 645→鉄道院 6245 改番 (M42.10) →鉄道省 6245 廃車 (T12.05) ⇒東武鉄道 41 譲受認可 (T12.04) →
Neilson	M33.--	T12.--	鉄道省	6246	S37.12	鉄道作業局 646→鉄道院 6246 改番 (M42.10) →鉄道省 6246 廃車 (T12.05) ⇒東武鉄道 42 譲受認可 (T12.04) →
Neilson	M33.--	T12.--	鉄道省	6247	S35.09	鉄道作業局 647→鉄道院 6247 改番 (M42.10) →鉄道省 6247 廃車 (T12.05) ⇒東武鉄道 43 譲受認可 (T12.04) →
Neilson	M33.--	T12.--	鉄道省	6248	S34.01	鉄道作業局 648→鉄道院 6248 改番 (M42.10) →鉄道省 6248 廃車 (T12.05) ⇒東武鉄道 44 譲受認可 (T12.04) →
Neilson	M33.--	T12.--	鉄道省	6249	S34.12	鉄道作業局 649→鉄道院 6249 改番 (M42.10) →鉄道省 6249 廃車 (T12.05) ⇒東武鉄道 45 譲受認可 (T12.04) →
Neilson	M33.--	T13.--	鉄道省	6236	S35.11	鉄道作業局 618→鉄道院 6236 改番 (M42.10) →鉄道省 6236 廃車 (T13.07) ⇒東武鉄道 46 譲受認可 (T13.08) →
Neilson	M33.--	T13.--	鉄道省	6237	S34.01	鉄道作業局 619→鉄道院 6237 改番 (M42.10) →鉄道省 6237 廃車 (T13.07) ⇒東武鉄道 47 譲受認可 (T13.08) →
Neilson	M33.--	T13.--	鉄道省	6238	S34.05	鉄道作業局 620→鉄道院 6238 改番 (M42.10) →鉄道省 6238 廃車 (T13.07) ⇒東武鉄道 48 譲受認可 (T13.08) →
Neilson	M33.--	T13.--	鉄道省	6242	S34.05	鉄道作業局 624→鉄道院 6242 改番 (M42.10) →鉄道省 6242 廃車 (T13.07) ⇒東武鉄道 49 譲受認可 (T13.08) →
Neilson	M33.--	T13.--	鉄道省	6244	S35.09	鉄道作業局 626→鉄道院 6244 改番 (M42.10) →鉄道省 6244 廃車 (T13.07) ⇒東武鉄道 50 譲受認可 (T13.08) →
Beyer Peacock	M30.--	T14.--	鉄道省	5541	S38.11	日本鉄道 176⇒買収 鉄道作業局 176 (M39.11) →鉄道省 5541 改番 (M42.10) →鉄道省 5541 廃車 (T14.07) ⇒東武鉄道 54 譲受認可 (T14.08) →
Beyer Peacock	M30.--	T14.--	鉄道省	5544	S35.09	日本鉄道 179⇒買収 鉄道作業局 179 (M39.11) →鉄道省 5544 改番 (M42.10) →鉄道省 5544 廃車 (T14.07) ⇒東武鉄道 55 譲受認可 (T14.08) →
Beyer Peacock	M30.--	T14.--	鉄道省	5549	S37.12	日本鉄道 184⇒買収 鉄道作業局 184 (M39.11) →鉄道省 5549 改番 (M42.10) →鉄道省 5549 廃車 (T14.07) ⇒東武鉄道 56 譲受認可 (T14.08) →
Beyer Peacock	M30.12	S13.--	鉄道省	5551	S39.09	日本鉄道 186⇒買収 鉄道作業局 186 (M39.11) →鉄道省 5551 改番 (M42.10) →鉄道省 5551 廃車 (S13.--) ⇒東武鉄道 58 譲受認可 (S17.03) →
Beyer Peacock	M30.--	S12.--	鉄道省	5531	S35.11	日本鉄道 186⇒買収 鉄道作業局 186 (M39.11) →鉄道省 5551 改番 (M42.10) →鉄道省 5551 廃車 (S12.--) ⇒東武鉄道 58 譲受認可 (S12.04) →
Neilson	M33.08	S13.--	鉄道省	6253	S35.02	鉄道作業局 601→鉄道院 6219 改番 (M42.10) →6257 改番 (T06.03) →鉄道省 6257 廃車 (S13.--) →6253 借入 (S13.--) ⇒東武鉄道 60 譲受認可 (S17.03) →
Neilson	M33.08	S12.--	鉄道省	6260	S37.09	鉄道作業局 602→鉄道院 6220 改番 (M42.10) →6253 改番 (T05.04) →鉄道省 6253 廃車 (S13.--) →6260 借入 (S12.--) ⇒東武鉄道 61 譲受認可 (S17.03) →
Neilson	M33.08	S12.--	鉄道省	6259	S37.12	鉄道作業局 608→鉄道院 6226 改番 (M42.10) →鉄道省 6260 改番 (T10.02) →鉄道省 6253 廃車 (S13.--) →6259 借入 (S12.--) ⇒東武鉄道 62 譲受認可 (S17.03) →
Neilson	M33.08	S17.--	鉄道省	6252	S38.11	鉄道作業局 612→鉄道院 6230 改番 (M42.10) →6252 改番 (T05.04) →鉄道省 6253 廃車 (S13.--) →6252 借入 (S17.--) ⇒東武鉄道 63 譲受認可 (S19.06) →
Neilson	M33.08	S17.--	鉄道省	6251	S39.11	鉄道作業局 614→鉄道院 6232 改番 (M42.10) →6251 改番 (T04.04) →鉄道省 6251 廃車 (S13.--) →6251 借入 (S17.--) ⇒東武鉄道 64 譲受認可 (S19.06) →
*日本車輛	S19.07	S20.--			S38.04	*奥多摩電気鉄道発注 C111 製番1331

東武鉄道車両諸元表（電車・電気機関車）・日光軌道線　本諸元表は昭和30(1955)年から昭和43(1968)年まで在籍した車両を対象とする。

形式	番号	車体寸法 最大長 mm	最大幅 mm	最大高 mm	自重 ton	定員 (座席)	台車 製造所	形式	軸距 mm	制御器 製造所	型式・制御方式	主電動機 製造所	形式	出力kw ×台数
100	101〜105	12,350	2,200	3,552	15.00	96(28)	住友金属	T-52 KS-40J	1,400	東洋電機	DB1-LBK4 直接制御	東洋電機	TDK-532B	44.8×2
100	106〜110	12,350	2,200	3,552	15.00	96(28)	住友金属	T-52 KS-40J	1,400	東洋電機	DB1-LBK4 直接制御	東洋電機	TDK-532B	44.8×2
200	201〜204	18,550	2,200	3,702	26.00	150(44)	住友金属	*1T-53-M *2T-53-A	1,600	東洋電機	ES202A 電動カム軸	東洋電機	TDK-532A-C	44.8×2
200	205,206	18,550	2,200	3,702	26.00	150(44)	住友金属	*1T-53-M *2T-53-A	1,600	東洋電機	ES202A 電動カム軸	東洋電機	TDK-532A-C	44.8×2
デト40	40	6,472	1,900	3,200	7.50	-	日車支店		1,980	日立	DR BC-447 直接制御	東洋電機	TDK-571 1-FA	37.3×2
テ10	12	8,194	1,829	3,266	8.00	-	日車支店	S12	1,830	日立	直接制御	日立	HS-307C	37.3×2
ED600	601	9,780	2,710	4,080	40.00				1,140		電磁空気単位SW 間接制御		MT3A	240.0×1
ED600	602	9,780	2,710	4,080	40.00				1,140		電磁空気単位SW 間接制御		MT3A	240.0×1
ED610	611	11,050	2,640	4,100	35.00		日鉄自	ST31	2,300	東洋電機	電磁空気単位SW 間接制御		MT26	80.0×4

東武鉄道車両諸元表（電車）伊香保軌道線　本諸元表は昭和29(1954)年から昭和31(1956)年に在籍した車両を対象とするが諸元が不明な点が多く、

形式	番号	車体寸法 最大長 mm	最大幅 mm	最大高 mm	自重 ton	定員 (座席)	台車 製造所	形式	軸距 mm	制御器 製造所	型式・制御方式	主電動機 製造所	形式	出力kw ×台数
	2	8,082	1,980	3,404	5.80	58	Brill	21E	1,830		K4-B29 直接制御	明電舎		37.3×2
	11	8,070	1,990	3,585	7.00	40	Brill	21E	1,830		K4-B29 直接制御	明電舎		37.3×2
	13	8,082	1,980	3,404	5.80	58	Brill	21E	1,830		K4-B29 直接制御	明電舎		37.3×2
	15,17	8,082	1,980	3,400	5.80	58	Brill	21E	1,830		K4-B29 直接制御	明電舎		37.3×2
	21	8,082	1,980	3,400	5.80	58	Brill	21E	1,830		K4-B29 直接制御	明電舎		37.3×2
	23	8,082	1,980	3,404	5.80	58	Brill	21E	1,830		K4-B29 直接制御	明電舎		37.3×2
	27	8,082	1,980	3,400	5.80	58	Brill	21E	1,830		K4-B29 直接制御	明電舎		37.3×2
	28	8,082	1,980	3,404	5.80	58	Brill	21E	1,830		K4-B29 直接制御	明電舎		37.3×2
	30	8,082	1,980	3,404	5.80	58	Brill	21E	1,830		K4-B29 直接制御	明電舎		37.3×2
	31	8,082	1,980	3,400	5.80	58	Brill	21E	1,830		K4-B29 直接制御	明電舎		37.3×2
	33,34	8,082	1,980	3,404	5.90	40	Brill	21E	1,830		K4-B29 直接制御	明電舎		37.3×2
	4	7,150	1,753	3,413			Brill	21E	1,830					
	9	7,150	1,753	3,413			M&G	21EM	1,830					

東武鉄道車両諸元表（客車・気動車）矢坂線　本諸元表は昭和29(1954)年から昭和31(1956)年に在籍した車両を対象とする。

形式	番号	車体寸法 最大長 mm	最大幅 mm	最大高 mm	自重	定員 (座席)	製造所	台車	軸距	内燃機関 製造所	形式	連続出力 回転数
コハフ10	11	16,129	2,734	3,632	21.90	92(44)	Brill	27-MCB-2 TRB24	2,134			
コハフ10	12	16,129	2,734	3,632	21.90	92(44)	Brill	27-MCB-2 TRB24	2,134			
コハフ10	13	16,129	2,734	3,632	21.90	92(44)	Brill	27-MCB-2 TRB24	2,134			
キハ1	1	9,400	2,600	3,515	11.00	52(24)			4,200	Waukesha	6SRS	59/1,200

東武鉄道車両諸元表（客車・気動車）妻沼線（熊谷線）　本諸元表は昭和29(1954)年から昭和58(1983)年まで在籍した車両を対象とする。

形式	番号	車体寸法 最大長 mm	最大幅 mm	最大高 mm	自重	定員 (座席)	製造所	台車	軸距	内燃機関 製造所	形式	連続出力 回転数
キハ2000	2001〜2003	16,500	2,672	3,705	22.55	109(62)	東急車輌	TS-102	1,800		DMF-13	120/1500
コハフ200	200	15,850	2,650	3,754	24.50	100(32)	天野工場		1,981			

車両履歴									備考
製造所	製造年月	改造所	改造年月	改造内容	使用開始年月	前所有	旧番号	廃車年月	
宇都宮車輛	S28.04				S28.05			S43.02	⇒岡山電気軌道 3008,3001,*¹3009,3006,3002 譲受 (S43.05) *¹保存 (個人所有)
宇都宮車輛	S28.09				S28.--			S43.02	⇒岡山電気軌道 3006,3004,*¹3007,*²3010,*¹3005 譲受 (S44.01) *¹在籍 3005 東武日光軌道色・3007 KURO *²日光チロリン村(H25.04)⇒東武日光駅前保存 (R02.03)
汽車支店	S29.04				S29.--			S43.02	⇒203 民間保存⇒東武動物公園 203 (S56.03) →東武博物館 203 (H01.05) → *¹電動車台車 *²中間連接台車
宇都宮車輛	S29.04				S29.--			S43.02	*¹電動車台車 *²中間連接台車
日車支店	S18.--								
日車支店	S04.06								
大宮工場	T09.03				S19.09	運輸省	ED406	S31.04	鉄道院 10025→鉄道省 ED406 改番 (S03.10) →日光軌道 ED406 借入 (S19.09) →東武鉄道 ED406 合併・借入継続 (S22.05) →廃車S22.01) ⇒東武鉄道 ED406 譲受 (S22.10)→ED4001 改番 (S25.--) →ED601 改番 (S30.09)
大宮工場	T10.03				S19.09	運輸省	ED4010	S43.03	鉄道院 10029→鉄道省 ED4010 改番 (S03.10) →日光軌道 ED4010 借入 (S19.09) →東武鉄道 ED4010 合併・借入継続 (S22.05) →廃車 (S22.01) ⇒東武鉄道 ED4010 譲受 (S23.09) →ED4002 改番 (S25.--) →ED602 改番 (S30.09) →廃車 (S43.03) ⇒国鉄 ED4010 保存 (S43.--)→準鉄道記念物 →鉄道博物館 移設保存 (H19.10) →重要文化財 (H30.10)
東洋工機	*¹S30.04				S 30.--			S43.03	⇒*²栗原電鉄 ED351 (S44.01) →廃車 (S62.04) →個人所有 保存 *¹現車銘板 昭和29年 *²西武所沢工場 昇圧工事750V化

他の資料と数値・内容が異なる事がある。

車両履歴									備考
製造所	製造年月	改造所	改造年月	改造内容	使用開始年月	前所有	旧番号	廃車年月	
天野工場	M43.09	自社工場		車体更新(締替)		高崎水力	2		
天野工場	T02.12	大栄車輌	S24.01	車体更新(締替)		伊香保	1		
天野工場	T02.12	自社工場	S28.--?	車体更新(締替)		伊香保	3		
天野工場	T03.07	自社工場	S28.--? ?	車体更新(締替)		高崎水力	15,17		
天野工場	T02.11	自社工場	S27.--?	車体更新(締替)		前橋電気	4		
天野工場	M43.09	自社工場	?	車体更新(締替)		高崎水力	3		
実製作所	T02.11	自社工場	S27.--?	車体更新(締替)		前橋電気	9		*保存車体整備 公開 峠の公園 (H26.04) *日本電装久喜工場
実製作所	T02.11	自社工場	S28.--?	車体更新(締替)		前橋電気	10		
丹羽製作所	T09.02	自社工場	S27.--?	車体更新(締替)		前橋電気	12		
丹羽製作所	T09.02	自社工場	S28.--?	車体更新(締替)		前橋電気	13		
天野工場	T08.11	自社工場	? S28.--?	車体更新(締替)	S16.--	江ノ島	17,18		
高崎水電	T08.--								電動貨車
小島製作所	T03.--								電動貨車

変速機	車両履歴									備考
	製造所	製造年月	改造所	改造年月	改造内容	使用開始年月	前所有	旧番号	廃車年月	
	日車支店	T13.07							S34.08	→デハ7→クハ1 (S06.08) →クハ210 改番 (S26.02) →コハフ11 改番 (S33.06) →
	日車支店	T13.07							S34.08	→デハ8→クハ2 (S06.08) →クハ211 改番 (S26.02) →コハフ12 改番 (S33.06) →
	日車支店	T13.07							S34.08	→デハ1→モハ1100 改番 (S24.--) →クハ212 改番 (S27.08) →コハフ13 改番 (S33.06) 戦後 クハ代用 モハ1100 (実質クハ)
機械式	汽車支店	S05.--							S29.05	下野電気軌道 キハ1⇒東武鉄道 キハ1 (S18.05)

変速機	車両履歴									備考
	製造所	製造年月	改造所	改造年月	改造内容	使用開始年月	前所有	旧番号	廃車年月	
DF-115	東急車輛	S29.01				S29.02			S58.06	→塗色変更 ベージュ・オレンジ(S38.06) →塗色変更 セイジクリーム(S50.02) →キハ2002 熊谷市立妻沼展示館保存・キハ2003 個人所有 →現存せず
	日鉄自	S17.--	自社工場	S27.06	運転装置撤去		総武鉄道	コハフ501	S29.03	総武鉄道 コハフ501⇒東武鉄道 コハフ501 (S19.03) →クハ200 改番 (S24.--) →コハフ200 (S26.02) →

東野鉄道諸元表（蒸気機関車） 東野鉄道諸元表は昭和30（1955）年から廃線の昭和43（1968）年まで在籍した車両を対象とする。

形　式	番　号	軸配置	気筒径×行程 mm	実用最高気圧 kg/cm²	運転整備重量 ton	最大長 mm	最大幅 mm	最大高 mm	動輪直径 mm
A	1	1B1	311×457	12.60	27.17	8,788	2,134	3,327	1,067
A	2	1B1	311×457	12.60	27.17	8,788	2,134	3,327	1,067
C25	C251	C	330×508	10.00	25.40	8,660	2,311	3,400	1,092
1355	1356	C	330×508	11.25	30.48	8,126 (8,065)	2,591	3,556	965

東野鉄道諸元表（内燃機関車）

形　式	記号番号	軸配置	運転整備重量 ton	最大長 mm	最大幅 mm	最大高 mm	内燃機関 製造所	内燃機関 形式	内燃機関 連続出力/回転数
DC20	DC201	C	20.70	7,860	2,800	3,710	新潟鉄工	LH8X	150/1,500
DC20	DC202	C	20.70	7,860	2,800	3,710	新潟鉄工	LH8X	150/1,500

東野鉄道諸元表（客車・気動車）

形　式	番　号	車体寸法 最大長	車体寸法 最大幅	車体寸法 最大高	自重	定員(座席)	製造所	台車	軸距	内燃機関 製造所	内燃機関 形式	内燃機関 連続出力(馬力)/回転数	変速機
キハ10	10	9,544	2,450	3,415	6.25	50(24)	日車支店	単台車	3,960	Buda	DW-6	37.5/1,000	機械式
キハ10	11	9,544	2,450	3,415	6.85	50(24)	日車支店	単台車	3,960	Buda	DW-6	37.5/1,000	機械式
キハ20	20	9,020	2,640	3,455	7.60	50(22)	日車支店	単台車	3,960	Waukesha	6-MS	57.0/1,600	機械式
キハ500	501	17,000	2,720	3,625	19.50	100(58)	新潟鉄工	菱枠型 TR26	1,800	日野	DA-54D	96.0/1,400	機械式
キハ500	502	16,220	2,650	3,625	20.90	109(66)	日車支店	菱枠型 TR26	1,800	日野	DA-54B	87.0/1,200	機械式
キハ500	503	16,400	2,730	3,750	22.83	109(66)	新潟鉄工	菱枠型 TR26	1,800		DMF-13	150.0/1,800	機械式
ハ1	1	9,728	2,489	3,505	5.08	48	梅鉢工場	単台車	3,962				
ハ1	2	9,728	2,489	3,505	5.08	48	梅鉢工場	単台車	3,962				
ハ1	3	9,728	2,489	3,505	5.08	48	梅鉢工場	単台車	3,962				
ハニブ1	1	9,728	2,489	3,505	5.94	32	梅鉢工場	単台車	3,962				
ハ10	10	9,690	2,648	3,629	8.13	48	日車支店	単台車	3,962				
ハニブ10	10	9,690	2,648	3,629	8.64	24	日車支店	単台車	3,962				
ハ10	11	9,690	2,648	3,629	8.13	48	日車支店	単台車	3,962				
ハ10	12	9,690	2,648	3,629	8.13	48	日車支店	単台車	3,962				
ハ20	20	9,728	2,489	3,506	7.60	48	梅鉢工場	単台車	3,962				
ハ30	30	9,991	2,642	3,545	8.00	60	日車支店	単台車	3,962				
ハ30	31	9,020	2,640	3,455	7.00	50	日車支店	単台車	3,960				
ハ30	32	9,544	2,450	3,415	5.00	50	日車支店	単台車	3,960				
ハ30	33	9,544	2,450	3,415	5.00	50	日車支店	単台車	3,960				

車両履歴						備考
製造所	製造年月	使用開始年月	前所有	旧番号	廃車年月	
Baldwin	M29.01	T07.04	鉄道院	200	S36.--	播但鉄道 4⇒山陽鉄道 1(M36.04)⇒買収(M39.12) 鉄道作業局 1 →鉄道院 200 改番(M42.12)→廃車(T06.10)⇒東野鉄道 1(T07.04)→
Baldwin	M29.01	T07.04	鉄道院	201	S39.--	播但鉄道 5⇒山陽鉄道 2(M36.04)⇒買収(M39.12) 鉄道作業局 2 →鉄道院 201 改番(M42.12)→廃車(T06.10) ⇒東野鉄道 2(T07.04)→解体(S39.09)
Pittsburgh	M29.12	S23.01	南部鉄道	C251	S31.--	太田鉄道 1(M29.12)⇒水戸鉄道 1(M34.10) ⇒買収(S02.12) 鉄道省 1690(書類上)→廃車(S04.--) ⇒五戸電気鉄道 1(S04.07)→五戸鉄道 1(S11.04)→C251(S16.12) →南部鉄道 C251(S20.01)→廃車(S22.10)⇒東野鉄道 C251(S23.01)→
汽車大阪	T13.07	S24.04	運輸通信省	1356	S31.--	相模鉄道 2⇒買収(S19.06) 運輸通信省 135 →銚子電鉄 借入(S21.04 ～ S21.06) →運輸省 1356 改番(S22.03)→廃車(S24.--)⇒東野鉄道 1356(S24.04) →廃車(S31.--)⇒三井埠頭扇町 1356→ 5 改番→廃車(S43.11)

変速機	車両履歴						備考
	製造所	製造年月	使用開始年月	前所有	旧番号	廃車年月	
機械式	新潟鉄工所	S27.04	S39.12	津軽鉄道	DC201	S43.12	津軽鉄道 DC201⇒東野鉄道 DC201(S39.12) →野田醤油 L型機？(S45.12) 西武所沢工場改造
機械式	新潟鉄工所	S27.04	S36.05	津軽鉄道	DC202	S43.12	

車両履歴									備考
製造所	製造年月	改造所	改造年月	改造内容	使用開始年月	前所有	旧番号	廃車年月	
日車支店	S04.08				S04.08				→ハ33(S39.--)→
日車支店	S04.08				S04.08				→機関撤去(S36.08)→ハ32(S39.--)→
日車支店	S11.09				S11.10				→ハ31(S39.--)→
新潟鉄工	S11.06	富士産業	S25.--	車体更新	*S25.09	運輸通信省	キハ501	S43.12	五日市鉄道 キハ501 ⇒南武鉄道 キハ501(S15.10) ⇒買収 運輸通信省 キハ501(S19.04) ⇒廃車(S24.09) ⇒東野鉄道 キハ501(S24.--)　　*竣功届
日車支店	S08.03	宇都宮車輌	S24.-- S25.--	付随車化 ディーゼルエンジン取付	*S25.09	国鉄	キハ41008	S43.12	鉄道省 キハ36908→キハ41008 →事故廃車(S24.09) ⇒東野鉄道 ハ502(S24.--)→キハ502(S25.--) →廃車(S43.12) →茨城交通 ケハ46(S44.--)→ハフ46(S46.--) →廃車(S55.10)　　*竣功届
新潟鉄工	S08.03				S33.--	国鉄	キハ043	S43.12	鉄道省 キハ36920→キハ41020 →キハ41202(S24.01) →キハ41302(S27.10)→キハ043(S32.04) →廃車(S33.02) ⇒東野鉄道 キハ503(S33.--)→廃車(S43.12)
梅鉢工場	T07.02				T07.04			S39.--	ハ1→
梅鉢工場	T07.02				T07.04			S39.--	ハ2→
梅鉢工場	T07.02				T07.04			S39.--	ハ3→ロハ2(T09.02)→ハ30(S06.10) →ハ3(S13.01)→
梅鉢工場	T07.02				T07.04			S39.--	ハニブ1→
日車支店	T13.12				T13.12			S39.--	ハ2→ハ10(S02.06)→
日車支店	T13.12				T13.12			S39.--	ハニブ2→ハニブ10(S06.10)→
日車支店	T13.12				T13.12			S39.--	ハ3→ハ11(S02.06)→
日車支店	T13.12				T13.12			S39.--	ロハ3→ハ40(S06.10)→ハ12(S-.--)→
梅鉢工場	T07.02				T07.04			S39.--	ロハ1→ハ20(S06.10)→
日車支店	S05.06				S13.11	常総鉄道	キハ13	S43.12	常総鉄道 キハ13⇒東野鉄道 キハ30(S13.11) →ハ30(S22.--)→
日車支店	S11.09	自社工場	S39.--	客車化	S11.10			S43.12	キハ20→ハ31(S39.--)→
日車支店	S04.11	自社工場	S39.--	記号番号変更	S04.08			S43.12	キハ11→機関撤去(S36.08)→ハ32(S39.--)→
日車支店	S04.11	自社工場	S39.--	客車化	S04.08			S43.12	キハ10→ハ33(S39.--)→

西武鉄道諸元表（蒸気機関車）

本諸元表は西武鉄道該当線区で昭和28(1953)年頃から昭和40(1965)年頃まで使用された車両を対象とする。一部昭和50年代の車両を

形式	番号	使用線区	軸配置	気筒径×行程 mm	実用最高気圧 kg/cm²	運転整備重量 ton	最大長 mm	最大幅 mm	最大高 mm	動輪直径 mm
E	1	安比奈砂利採取線	E (A-C-A)	270×300	12.2	15.0	5,850 (5,772)	1,870	2,577	600
E	2	安比奈砂利採取線	E (A-C-A)	270×300	12.2	15.0	5,850 (5,772)	1,870	2,577	600
E	3	安比奈砂利採取線	E (A-C-A)	270×300	12.2	15.0	5,850 (5,772)	1,870	2,577	600
2	1	山口線	B	210×302	12.4	9.14	5,181	1,708	2,943	600
1	2	山口線	C	210×305	12.0	9.22	4,893	1,715	2,896	559
5	527	山口線	C1	270×350	12.0	15.4	6,154	1,995	3,100	719
5	532	山口線	C1	270×350	12.0	15.4	6,154	1,995	3,100	719
2	2		C	270×350	12.7	27.0	8,134	2,642	3,454	915
3	3		1B1	330×457	10.0	31.2	8,433	2,286	3,607	1,245
5	5		1B1	356×508	10.0	34.0	9,638	2,286	3,607	1,320
5	6		1B1	356×508	10.0	34.0	9,638	2,286	3,607	1,320
7	7		1C	330×557	10.0	33.5	8,967	2,337	3,531	1,350

西武鉄道車両諸元表（電車）

形式	番号	車体寸法			自重 ton	定員 (座席)	台車			制御器		主電動機		
		最大長 mm	最大幅 mm	最大高 mm			製造所	形式	軸距mm	製造所	型式・制御方式	製造所	形式	出力kw ×台数
モハ21	21	8,681	2,480	3,826	8.2	45(18)	Brill	ラジアル式単台車	4,267		直接制御			26.0×2
モハ21	22	8,681	2,480	3,826	8.2	45(18)	Brill	ラジアル式単台車	4,267		直接制御			26.0×2
モハ21	23	8,681	2,480	3,826	8.2	45(18)	Brill	ラジアル式単台車	4,267		直接制御			26.0×2
モハ101	101	12,200	2,550	3,925	17.8	70(30)	Brill	76E-1	1,473		直接制御	GE		41.0×2
モハ101	102	12,200	2,550	3,925	17.8	70(30)	Brill	76E-1	1,473		直接制御	GE		41.0×2
モハ101	103	12,200	2,550	3,925	17.8	70(30)	Brill	76E-1	1,473		直接制御	GE		41.0×2
モハ101	104	12,200	2,550	3,925	17.8	70(30)	Brill	76E-1	1,473		直接制御	GE		41.0×2
クハ1111	1111	12,200	2,550	3,525	15.0	70(30)	Brill	76E-1	1,473					
クハ1111	1112	12,200	2,550	3,525	15.0	70(30)	Brill	76E-1	1,473					

製造所	製造年月	使用開始年	前所有	旧番号	廃車年月	備　考
Orenstein & Koppel	T10.08	S22.09	大蔵省	E18		陸軍鉄道連隊 E18⇒大蔵省財務局移管(S20.08) ⇒復興社(西武鉄道) 1(S22.06)→廃車→ユネスコ村展示(S47.06) →閉園(S59.05)→玉川上水西武運輸倉庫保管 ⇒エリエイ プレス・アイゼンバーン保存(H05.11)
Orenstein & Koppel	T10.07	S22.09	大蔵省	E16		陸軍鉄道連隊 E16⇒大蔵省財務局移管(S20.08) ⇒復興社(西武鉄道) 2(S22.06)→廃車 →ユネスコ村展示(S47.06)→閉園(S59.05)⇒習志野森林公園
Orenstein & Koppel	T14.09	S22.09	大蔵省	E103		陸軍鉄道連隊 E103⇒大蔵省財務局移管(S20.08) ⇒復興社(西武鉄道) 3(S22.06)→廃車→ユネスコ村展示(S47.06) →閉園(S59.05)→所沢工場→玉川上水西武運輸保管 →丸瀬布町いこいの森 保管(H05.10) ⇒Frankfurter Feldbahnmeseum(H14.12)→動態修復(H27.05)
Orenstein & Koppel	T02.05	S48.09	井笠鉄道	1		井笠鉄道 1(T12.10)→廃車(S36.10)→伏見桃山城(S46.09) →井笠鉄道 返却(S48.05)⇒西武鉄道 借入 1(S48.09) →井笠鉄道 返却(S52.--)⇒井笠鉄道記念館 保存(S52.12)
Orenstein & Koppel	M44.08	S47.06	頚城鉄道	2		大丸組 4⇒流山鉄道 4(T03.03)⇒頚城鉄道 3(T05.03)→ 2 改番(T07.--) →廃車(S41.05)→頚城鉄道自動車本社保存→西武鉄道 2 借入(S47.06) →返却(S52.--)→頚城自動車本社保存 →旧頚城鉄道百間町駅跡地保存(くびき野レールパーク)
Orenstein & Koppel	T11.05	S52.03	台湾糖業	527	S59.05	明治製糖台湾→台湾糖業渓湖糖廠 527(S21.--)⇒西武鉄道 527(S52.03) →山口線運行休止(S59.05)→ユネスコ村展示保存⇒台湾台糖公司(H17.07) →高雄市陳中和記念館 保存(H23.06)
Orenstein & Koppel	S03.06	S52.03	台湾糖業	532	S59.05	明治製糖台湾→台湾糖業渓湖糖廠 532(S21.--)⇒*西武鉄道 532(S52.09) →山口線運行休止(S59.05)→ユネスコ村展示保存 →丸瀬布いこいの森 保管(H05.10) 西武所沢工場入場(S48.11) 軸配置 C→C1 改造
日車本店	T10.03	S19.09	飯山鉄道	2	S31.03	大阪鉄道 6⇒関西鉄道 57(M33.06)→買収 220(M40.10)→廃車(T06.06) →多摩鉄道 A1(T06.--)⇒西武鉄道 2(S02.08)→3 改番(S19.09) →日本ニッケル 3 借入(S31.03)→上武鉄道 3 譲受(S33.09) →8 改番(S33.10)→3 改番(S40.02 ?)→廃車(S40.07)⇒西武鉄道 返却 ⇒東京交通短大資料館 A1 保存(S42.04)
Dūbs	M24.--	T06.05	鉄道院	220	S33.09	鉄道局 75→日本鉄道 75 借入→譲渡(M25.04)→21 改番(M27.01) ⇒鉄道作業局 返却⇒房総鉄道 6(M32.--) ⇒買収 6(M40.09)→403 改番(M42.10)→廃車(T03.03) →川越鉄道 403(T03.03)⇒西武鉄道 5(T11.11)→ 4 改番(S19.09) →使用休止(S32.09)→日本ニッケル 4 借入(S36.11)→返却(S40.03) →ユネスコ村展示(S40.03)→横瀬車両基地跡地 保存(H05.--)
Nasmyth Wilson	M29.--	M30.04			S40.04	川越鉄道 3→西武鉄道 3(T11.11)→ 5 改番(S19.09) →日本ニッケル 5 借入(S34.07)→返却(S40.04)→廃車(S40.04) →保谷養成所跡地 保存(S40.06)
Nasmyth Wilson	M35.--	M35.08			S40.07	川越鉄道 4→西武鉄道 4(T11.11)→ 6 改番(S19.09) →日本ニッケル 6 借入(S34.07)→返却(S40.07)⇒廃車(S40.07)⇒個人所有
Pittsburgh	M30.05	S20.06	運輸通信省	2851	S40.11	伊賀鉄道 3⇒阪鶴鉄道 12⇒買収 帝国鉄道庁 12(M40.08) →2851 改番(M42.10)→廃車(T12.04) →播州鉄道 8(T12.05)⇒播丹鉄道(T12.12) 8 ⇒買収 2851(S18.06)→廃車(S18.06) ⇒西武鉄道 8(S18.--)→ 7 改番(S19.09)⇒上武鉄道 7 借入(S37.03) →廃車(S40.11)→所沢工場保管⇒東品川公園 静態保存(S44.04)

製造所	製造年月	改造所	改造年月	改造内容	使用開始年月	前所有	旧番号	廃車年月	備　考
梅鉢鉄工	T03.--				S05.--	駿豆鉄道	デハ13	S36.04	大阪高野鉄道 13⇒駿豆鉄道 デハ13(T07.03) ⇒多摩湖鉄道 モハ10(S05.04) →武蔵野鉄道 モハ10(S15.03)→西武鉄道 モハ10(S20.09) →モハ21 改番(S23.06) →休車(S32.10)→廃車(S36.04)
梅鉢鉄工	T03.--				S05.--	駿豆鉄道	デハ14	S36.04	大阪高野鉄道 14⇒駿豆鉄道 デハ14(T07.03) →多摩湖鉄道 モハ11(S05.04)→武蔵野鉄道 モハ11(S15.03) →西武鉄道 モハ11(S20.09)→22 改番(S23.06) →休車(S32.10) →廃車(S36.04)
梅鉢鉄工	T03.--				S05.--	駿豆鉄道	デハ15	S36.04	大阪高野鉄道 14⇒能勢電軌⇒駿豆鉄道 デハ15(T07.05) →多摩湖鉄道 モハ12(S05.04)→武蔵野鉄道 モハ12(S15.03) →西武鉄道 モハ12(S20.09)→22 改番(S23.06) →休車(S32.10)→廃車(S36.04)
田中車輌	T14.09	関東車輌所沢工場	S26.03 S27.09 S37.01	車体改造(保谷区) 鋼体化工事 車体延長三扉化	T14.--	東京都	254	S29.--	西武軌道 36→東京都委託 254(S17.02) ⇒西武鉄道返却(S21.11)⇒西武鉄道 モハ51(S26.03) →モハ105 改番(S27.09)→モハ101 改番(S29.03) ⇒豊橋鉄道 モ1301(S37.03) →踏切事故大破(S42.01)→廃車(S42.09)
東洋車輌	T13.09	関東車輌所沢工場	S24.05 S37.01	車体新製 車体延長三扉化	T13.--	東京都	212	S37.--	西武軌道 24→東京都委託 212(S17.02)→戦災焼失(S20.05) ⇒西武鉄道 モハ111(S24.05)→モハ104(S25.10) →モハ102 改番(S29.03)⇒豊橋鉄道 モ1302(S37.03) →ク2311 制御車化(S46.--)→廃車(S62.03)
枝光鉄工	T11.11	所沢工場	S28.05	鋼体化工事	T11.--	東京都	202	S29.--	西武軌道 22→東京都委託 202(S17.02) ⇒西武鉄道 モハ106 改番(S28.05)→モハ103 改番(S29.03) ⇒日本油脂 モ101(S36.08)→廃線(S41.03)
所沢工場	S28.11				S28.11			S47.11	クハ1114→モハ104(S31.--)→山形交通高畠線 モハ3(S33.04) →廃車(S47.11)
枝光鉄工	T10.05	関東車輌所沢工場	S24.-- S35.11	鋼体化工事 車体延伸工事	S08.08	京王電軌	デハ30	S39.--	京王電軌 デハ30⇒多摩湖鉄道 モハ20(S08.08) →武蔵野鉄道 モハ20(S15.03)→西武鉄道 モハ20(S20.09) →モハ101 改番(S23.06)→クハ1111(S28.12) →松本電鉄 借入(S37.07)⇒山形交通三山線 モハ105(S39.08) →クハ代用→廃車(S49.11)
枝光鉄工	T10.05	関東車輌所沢工場	S25.-- S28.10 S35.12	鋼体化工事 車体新製 車体延伸工事	S09.01	京王電軌	デハ33	S39.--	京王電軌 デハ33→多摩湖鉄道 モハ21(S08.08) →武蔵野鉄道 モハ21(S15.03)→西武鉄道 モハ21(S20.09) →モハ102 改番(S23.06)→クハ1113(S28.12) →クハ1113 改番(S33.06)→日本油脂 ク102(S36.08) →廃線(S41.03)

【著者プロフィール】
髙井薫平（たかいくんぺい）
1937年生まれ、地方私鉄行は1953年の静岡鉄道駿遠線だった。鉄研活動は中学からだが当時は模型専門、高校に進学以来鉄研に属して今日に至る。1960年から鉄道車両部品メーカーに勤務、退任後は鉄道趣味に本格復帰し現在は鉄道友の会参与。著書に「軽便追想」（ネコパブリッシング）、RMライブラリ「東野鉄道」「福島交通軌道線」「上武鉄道」「弘南鉄道」（ネコパブリッシング）、「小型蒸気機関車全記録」（講談社）など

【執筆・編集協力者】
矢崎康雄（やざきやすお）
1971年卒、学生時代から聞けば何でも知っている重宝な人、都電とともに幼少期を過ごしたせいか、どちらかといえば、市電ファンでヨーロッパのほとんどの都市にトラムを見に行った。かつて三田会が編集した朝日新聞社「世界の鉄道」では外国の部分の解説を担当した。本書では「ことば解説」「駅や空撮の解説」などを担当した。

亀井秀夫（かめいひでお）
1973年卒、学生時代から私鉄ファンで特に車両データや車両史に詳しい。鉄道車両部品メーカーに勤務し、営業・企画を長く担当していた。本誌の諸元表作成には彼の所有する資料が威力を発揮した。朝日新聞社「世界の鉄道」でも諸元表まとめの主要メンバーであった。現在、鉄道友の会理事（業務担当）、鉄道車両工業会参与を務める。

【写真をご提供いただいた方々（あいうえ順）】
青木栄一（故人）、荒井文治（故人）、井口悦男（故人）、伊藤威信、伊藤英雄（故人）、今井啓輔、上野巌、生方良雄、江本廣一（故人）、荻原二郎（故人）、荻原俊夫、風間克美、木村和男、園田正雄、高橋慎一郎（故人）、田部井康修、竹中泰彦、田尻弘行（故人）、西尾恵介、花上嘉成、三竿喜正、村松功、山本忠雄、吉村光夫（故人）、J.WALLY HIGGINS
乗車券など提供：堀川正弘

昭和30年代～50年代の地方私鉄を歩く 第10巻
北関東のローカル線
東武鉄道の蒸気機関車と廃線
2021年6月25日　第1刷発行

著　者……………………髙井薫平
発行人…………………高山和彦
発行所…………………株式会社フォト・パブリッシング
　　　　　　　　　　　〒161-0032　東京都新宿区中落合2-12-26
　　　　　　　　　　　TEL.03-6914-0121 FAX.03-5955-8101
発売元…………………株式会社メディアパル（共同出版者・流通責任者）
　　　　　　　　　　　〒162-8710　東京都新宿区東五軒町6-24
　　　　　　　　　　　TEL.03-5261-1171 FAX.03-3235-4645
デザイン・DTP ………柏倉栄治（装丁・本文とも）
印刷所…………………新星社西川印刷株式会社

ISBN978-4-8021-3246-6 C0026